AF591029

TRAITÉ

DE

PHOTOGRAVURE

SUR ZINC ET SUR CUIVRE

BIBLIOTHÈQUE PHOTOGRAPHIQUE

TRAITÉ

DE

PHOTOGRAVURE

SUR ZINC ET SUR CUIVRE

Par GEYMET

PARIS

GAUTHIER-VILLARS, IMPRIMEUR-LIBRAIRE

DU BUREAU DES LONGITUDES, DE L'ÉCOLE POLYTECHNIQUE

Quai des Augustins, 55

1886

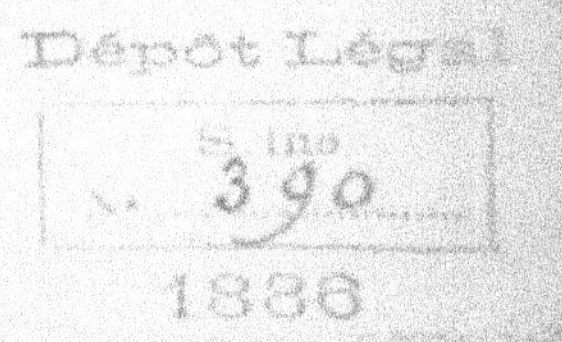

TRAITÉ PRATIQUE

DE

PHOTOGRAVURE

SUR ZINC ET SUR CUIVRE.

CHAPITRE PREMIER.

Gravure sur zinc. — Emploi du bitume de Judée.

Le procédé au bitume, inventé par Niepce dès l'origine de la Photographie, et qui, le principe restant le même, a subi certaines modifications dans les manipulations, peut donner des planches en creux pour l'impression en taille-douce et des planches en relief qu'on intercale dans le texte et qui y remplacent les dessins sur bois gravés au burin et à l'échoppe.

C'est surtout sous le point de vue des planches en relief que ce procédé a acquis une grande importance et qu'il tient le premier rang dans les ateliers de gravure.

Nous parlerons d'abord de la morsure en relief (1) et de la gravure du trait.

Le bitume est plus spécialement employé pour reproduire sur zinc les dessins de traits en relief. Mais, depuis quelques années, le procédé, resté stationnaire pendant un certain temps, a fait quelques pas en avant, et l'on a pu voir des épreuves de demi-teintes mises en relief. La *Société française de Photographie* en a donné un spécimen très satisfaisant dans le numéro d'avril de son *Bulletin* de l'année 1884. La planche en relief est sortie des ateliers de M. Rousselon.

Il est certain qu'on se heurte à de grosses difficultés dans ce genre de tentatives; mais nous verrons, au cours de ce travail, qu'il est possible d'éluder ces difficultés et d'obtenir gain de cause.

Gillot, l'inventeur de la gravure en relief sur zinc, qui a rendu ce procédé pratique et industriel, est presque arrivé à ce dernier résultat impatiemment attendu par les imprimeurs. Nous verrons en temps et lieu comment un dessin au crayon et en demi-teintes peut être traité en relief, si l'artiste donne cours à ses idées, sur un papier spécial qui a été cylindré sur des plaques d'acier grainées ou rayées; ces aspérités ou ces lignes croisées et en relief brisent le trait du crayon et s'opposent à la régularité de la demi-teinte. Il reste toujours une partie blanche, qui est en contre-bas et que la mine de plomb n'atteint pas. Ces irrégularités, calculées en vue de l'effet à produire, peuvent, par des moyens différents, mais analogues, être communiquées au négatif ou à son contre-type, et rien ne s'opposera alors à la mise en relief d'un paysage, d'un portrait, ou d'un dessin quelconque en demi-teintes.

Nous décrirons avec une grande précision de détails la méthode généralement adoptée dans les ateliers de gravure chimique et qui fournit toutes les planches exécutées à Paris pour les journaux illustrés de France et de l'étranger.

La gravure chimique n'a pas encore atteint la perfection de la gravure sur bois.

Les graveurs ordinaires produisent des œuvres d'une remarquable finesse, moelleux, douceur exquise des demi-teintes, rien ne manque aux épreuves tirées sur les bois taillés à la main.

Ce n'est pas au procédé qu'il faut attribuer cette infériorité. Dans des mains habiles et exercées le gillotage peut soutenir la lutte et même l'emporter sur la gravure sur bois. On arrive maintenant à reproduire par le travail chimique une feuille entière de journal sur un espace limité aux dimensions d'une carte de visite, et le relief microscopique, dont l'original a été réduit par l'objectif, peut supporter l'examen à la loupe. On ne remarquera pas même une liaison entamée par l'acide.

Mais le gilloteur n'est pas un artiste, on le dit du moins, son œuvre est considérée comme un travail manuel. On a recours à son talent pour éviter de trop grands frais dans l'illustration d'un livre ou d'un journal et pour activer la mise sous presse.

Il doit livrer vite et à un prix qui est à peine rémunérateur. Voilà les seules causes de l'infériorité de la gravure chimique.

Matériel d'un atelier de gravure chimique.

Produits.

Encre de report.
Encre N° 1 } L'industrie ne les fournit pas.
Encre N° 2 }
Acide azotique ordinaire.
Acide chlorhydrique }
Chlorate de potasse } Pour la morsure du cuivre.
Perchlorure de fer }
Acide sulfurique ordinaire.
Gomme en solution.
Essence de lavande.
Essence de térébenthine.
Benzine.
Chloroforme.
Vernis à la gomme laque brune.
Bitume de Judée (vrai).
Résine en poudre très fine.
Potasse d'Amérique.
Cire à modeler.
Papier couché.

Objets divers.

1 blaireau plat.
2 blaireaux ronds.
2 éponges fines de grosseur moyenne.
Entonnoirs en verre et filtres en papier
Chiffons.
Cuvettes.
Burins et échoppes en acier.
Planches de zinc.
Planches de cuivre.
3 rouleaux lisses.
1 matériel pour reproduction,
1 presse typographique.
1 presse lithographique
1 fourneau.
1 scie à main ou mécanique.
Ciseaux, marteau, compas, règles en fer.

La planche de zinc, avant d'être fixée sur le bloc qui la supporte pendant l'impression, passe par une série de manipulations très compliquées que nous allons énumérer pour fixer l'esprit du gilloteur et pour éviter toute confusion.

Voici dans leur ordre les préparations et les opérations qui sont à faire :

1° Préparation du vernis au bitume;

2° Décapage du zinc et extension du vernis ;

3° Chauffage de la couche sensible ;

4° Insolation ;

5° Dépouillement de l'épreuve ;

6° Retouche de l'épreuve avant et pendant la morsure ;

7° Morsures (onze opérations pour chaque morsure) ;

8° Ebarbage des reliefs. Dernière morsure ;

9° Nettoyage du zinc après la mise en relief ;

10° Unification des irrégularités du relief ;

11° Impression.

FORMULE.

Bitume de Judée (vrai)	5gr
Benzine rectifiée	100cc
Essence de lavande	2 gouttes.

Préparation du vernis. — Après la dissolution du bitume, c'est-à-dire après deux ou trois heures, si l'on prend le soin d'agiter quelquefois le flacon et de détacher à l'aide d'un agitateur la résine qui descend dans le fond du verre et qui a une tendance à y adhérer sans se dissoudre, le vernis préparé est filtré sur un entonnoir en verre à travers une feuille de papier. On doit mettre à part le premier flacon où la dissolution s'est faite et le reprendre pour renouveler le vernis quand il sera épuisé dans le deuxième flacon. Ces deux flacons seront réservés pour cet usage et ne seront jamais lavés à l'eau.

On mettra l'intérieur à l'abri de la poussière en les fermant avec un bouchon en liège, bien exactement, pour éviter l'évaporation.

On peut supprimer en hiver l'essence de lavande et même pendant l'été, si les planches de zinc à couvrir sont de petites dimensions.

L'addition de l'essence de lavande n'est faite que pour retarder l'évaporation de la benzine et pour rendre le vernis plus facile à étendre.

Nous ferons deux recommandations au graveur : D'abord, de ne préparer que peu de vernis à la fois, et ensuite, d'éviter de faire une solution trop épaisse.

Le bitume dissous perd chaque jour de sa sensibilité, et, après un certain temps, qui est très court, il devient très peu sensible à la lumière, ce qui oblige à tripler et à quadrupler le temps d'exposition. Il est sujet, en outre, à se décomposer et à perdre une partie de son élasticité. Devenu cassant il s'enlève alors par écailles sous la pression du rouleau.

La dissolution, avons-nous dit, ne doit pas être trop épaisse. On peut modifier la formule et la mettre en rapport avec l'intensité de la lumière. En hiver, une couche mince donnera de meilleurs résultats qu'une couche plus épaisse. En été, l'épaisseur du vernis peut augmenter, et l'observation vient à l'appui de ce que nous disons.

Le dessin au bitume communiqué au zinc n'est rien par lui-même. Ce n'est qu'un préliminaire dans la mise du zinc en relief. Il importe peu, en somme, que les traits laissés sur le métal soient épais ou minces, comme couche, bien entendu. Ils ne sont à leur place que pour retenir l'encre du rouleau et pour rendre la gravure possible.

Une épaisseur de couche double ou triple ne rendrait pas le travail plus facile. C'est le contraire qui se produirait.

Quelle que fût d'ailleurs l'épaisseur de la couche, il ne faudrait pas croire que le relief exigé pour l'impression typographique puisse être amené par une seule morsure, qu'on pourrait continuer, pour obtenir la hauteur du trait, aussi longtemps que le vernis résisterait à l'acide.

On ne se rendrait aucun compte du travail du gillotage, si l'on n'avait pas des idées plus précises sur ce genre de gravure.

Nous insistons souvent, mais c'est pour mettre le lecteur à même de bien apprécier les faits, et il y arrive, si l'on prend la peine de lui expliquer la nécessité d'une opération multiple et le rôle joué par chacun des produits employés.

Qu'on grave en creux, ou qu'on cherche le relief, on n'arrive jamais à creuser une planche par une seule morsure, et l'on s'en rendra compte, si l'on réfléchit que, dans une série de traits faits au bitume ou avec un vernis quelconque sur une surface métallique, les traits n'ont pas la même épaisseur.

On doit admettre comme principe, et le gilloteur le sait bien, qu'on ne peut attaquer le métal qu'à une profondeur égale à l'épaisseur superficielle de la ligne qui est prise comme point d'observation, et il faut même rester en-deçà dans la morsure.

Dans un dessin, les traits sont plus ou moins épais. L'attention du graveur chimique doit se porter exclusivement sur la ligne la plus fine qu'il faut respecter à tout prix. Ce trait est quelquefois isolé dans des espaces blancs, vides de dessin. Nous ne parlons que des reliefs pour localiser l'observation. Ce trait délicat doit rester seul en relief et les blancs qui l'entourent doivent être abaissés par l'acide qui ronge le fond et creuse la surface du métal. Or, le métal ne peut être attaqué que d'une épaisseur égale à la surface du trait considéré comme ligne. Si ce trait, qui est le plus fin du dessin, a un dixième de millimètre comme épaisseur de ligne, on sera forcé d'arrêter la morsure quand le métal ou les blancs qui l'entourent auront été creusés d'un dixième de millimètre. A cette profondeur, l'acide mord, non seulement dans le sens de l'épaisseur du métal, mais aussi dans le sens de la surface. Il ne se borne plus à ronger le zinc à côté du trait, mais il mine en dessous, et le trait, sapé dans sa base, est bientôt enlevé. Quelle que soit la largeur du trait, les conséquences seront pareilles après un temps plus ou moins long de morsure.

Voilà pourquoi, surtout dans les planches en reliefs, il est nécessaire de faire cinq ou six morsures correspondant chacune à l'épaisseur des lignes.

Voilà encore pourquoi l'épaisseur de la couche de bitume n'a qu'une mince importance dans le gillotage.

Il suffit que le dessin puisse résister au premier encrage, et la formule que nous avons donnée fournit un vernis assez épais pour ne pas être entamé par le rouleau.

Une couche épaisse manque souvent de solidité par insuffisance d'exposition.

La couleur noire du vernis au bitume s'oppose au passage du rayon qui ne le pénètre que difficilement. Si la couche n'est pas pénétrée jusqu'au métal, l'épreuve, au moment du développement, ne résistera pas au dissolvant ; le trait au bitume, rongé en-dessous, de la même manière que le métal en présence de l'acide, sera enlevé par l'essence de térébenthine. Le bitume n'est insolubilisé que partiellement. On remarquera, au dépouillement de la couche, que l'épreuve, qui s'annonce d'abord comme devant amener un bon résultat, finit par disparaître malgré un temps d'insolation qui est regardé comme suffisant. On doit remarquer, pour expliquer cette disparition qui paraît anormale, que l'épreuve a tenu bon aussi longtemps que la térébenthine a trouvé le bitume oxydé par la lumière; mais qu'en descendant plus profondément dans la couche, elle a rongé les dessous qui avaient été soustraits à l'influence de la lumière à cause de l'épaisseur de la couche de bitume.

Ce sont ces surprises, résultant du défaut d'observation, qui troublent le débutant et qui lui font considérer le procédé comme défectueux et irrégulier dans sa marche.

Supprimez ces deux causes d'insuccès par la connaissance exacte et étudiée des réactions qui se passent, et vous ne trouverez jamais d'arrêt dans l'exécution des travaux.

Il reste donc entendu que si l'on éprouve des insuccès au moment du développement, on se souviendra qu'ils sont produits le plus souvent par la même cause : le manque d'insolation.

1° Si le bitume est trop vieux, c'est-à-dire dissous depuis trop longtemps dans la benzine, quoique la durée de l'exposition soit considérée comme suffisante, l'épreuve ne résistera pas au dissolvant, malgré les indications précises du photomètre, qui ne trompe pas, mais qui est induit lui-même en erreur par la défectuosité du vernis.

2° Si la couche de bitume, même fraîchement

préparée, est trop épaisse, on se buttera au même écueil en immergeant le zinc dans l'essence de térébenthine. Il y aura encore défaut ou manque d'insolation. La couche n'aura pas été pénétrée dans toute sa profondeur. Il aurait fallu un temps d'exposition peut-être triple en durée pour donner le temps à la lumière de pénétrer jusqu'au métal.

L'insuccès est dû quelquefois au négatif, qui n'est pas dans les conditions exigées par le procédés au bitume. On trouvera toutes les explication relatives aux clichés dans notre Traité de Gravure héliographique. Nous n'avons pas à revenir sur cette matière, qui a été traitée à fond dans ce livre.

Nous dirons seulement qu'un cliché qui n'offre pas, vu par transparence, des oppositions très franches du blanc au noir, doit être mis à l'écart.

La méthode au collodion donne les meilleurs négatifs de gravure, mais on les obtient aussi par le charbon, par le gélatinobromure et par la plombagine.

Il est un seul cas où l'obtention de l'épreuve positive au bitume offre quelque difficulté.

Il est très difficile de régler le temps de pose, si le négatif est insuffisant.

Un cliché peut être net d'un angle à l'autre, d'un bon éclairage, régulier, exempt de taches et d'une mise au point exacte, sans être, malgré toutes ces qualités, un bon cliché pour la gravure. Un négatif gris par excès de pose, ou sans un renforçage suffisant, si la pose est exacte, est ce qu'il y a de plus mauvais pour le procédé au bitume.

La lumière, pénétrant presque avec la même intensité à travers toutes les parties de la couche transparente, influence le bitume dans les blancs et dans les noirs et rend le dépouillement difficile. Il faut alors étudier le temps d'insolation et essayer par tâtonnements à fixer le point où les blancs seront assez touchés pour soutenir l'action du dissolvant.

Il s'agit d'arriver juste, car une exposition plus longue insolubiliserait les parties que la térébenthine doit disssoudre, et l'épreuve ne pourrait plus être développée.

Quand on est habitué aux démonstrations, qu'on remarque combien les procédés sont peu compris et qu'on voit en même temps les détours pris par les débutants, non pas pour se rapprocher, mais pour s'éloigner du but à atteindre, on craint d'être toujours trop bref, même en prodiguant les explications.

Décapage du zinc et extension du vernis. — Les planches de zinc seront prises chez le planeur qui les livre polies, dressées et prêtes à servir.

Avant de les couvrir de vernis au bitume on ne se dispensera pas cependant de leur donner un dernier polissage qui se fera avec du blanc d'Espagne et de l'alcool auquel on mélangera quelques gouttes d'ammoniaque liquide. Cette opération débarrasse la surface du métal de toute trace de corps gras qui pourrait nuire à la régularité et à la solidité de la couche.

On sèche ensuite le zinc sans le chauffer, mais assez pour dissiper la buée. On passe après le blaireau, qui ne doit laisser aucune trace de poussière, et c'est plus difficile qu'on ne croit.

On verse ensuite le vernis au bitume qu'on ne doit pas filtrer au moment de s'en servir, mais la veille, ou quelques heures avant. Aussi faudra-t-il ne toucher qu'avec précaution au flacon de vernis et ne pas l'agiter si l'on a plusieurs zincs à couvrir, afin d'éviter le soulèvement du précipité qui est au fond, malgré le filtrage. On recevra l'excédent de vernis dans un flacon à part. Il n'y a rien de minutieux dans les soins à donner à la couche. La couche de bitume, est plus que tout autre, sujette aux poussières et elle doit en être exempte à tout prix. Ce résultat ne sera pas atteint si l'on n'y veille pas.

Il n'y a pas de méthode particulière pour verser le vernis, l'important est qu'il ait la même épaisseur sur toute la surface du zinc et que la nappe sèche soit unie et sans ondulations. L'inégalité est nuisible au développement.

On y arrive assez bien, en versant la dissolution de bitume sur le haut du zinc où elle doit occuper toute la largeur de la plaque, on fait descendre graduellement le liquide en inclinant d'abord légèrement la plaque. Quand la nappe a atteint la partie qui touche à la main, on redresse subitement le zinc et on lui fait prendre la position perpendiculaire pour forcer l'excédent à se précipiter rapidement sur l'arête inférieure. Si, comme dans le collodionage des glaces, on imprimait un mouvement d'oscillation au support, la couche manquerait de régularité.

L'évaporation trop prompte du liquide ne permet pas l'emploi de ce moyen qui paraît cependant rationnel. Tout ce qu'on peut faire, c'est d'incliner discrètement le zinc une fois à droite, puis à gauche, pour ramener vers les deux bords opposés un excès de bitume qui se porte souvent en ligne épaisse vers les bords et qui, repoussé, suit l'arête et descend plus aisément.

Il faut, sans retard, quand les dernières traces d'excédent se sont amassées vers le bas, éponger le zinc à $0^{m},01$ de hauteur, pour enlever le bourrelet qui se forme par l'entassement des dernières traces de la nappe, qui est encore assez fluide pour descendre.

On s'y prend à plusieurs reprises et l'on essuie à mesure. On évite ainsi une trop grande épaisseur dans la partie de la couche, qui occupe le bas de la plaque.

Chauffage de la couche sensible. — On laisse après reposer le zinc pendant quelques minutes et on le sèche ensuite sur la flamme d'une lampe à alcool ou autrement. Ce chauffage raffermit le bitume en activant l'évaporation de l'essence. La couche refroidie n'est plus poisseuse et ne fait courir aucun risque au cliché.

Il est d'usage, pour préserver le négatif, d'y passer du talc, ainsi que sur la couche.

Toutes les opérations relatives au bitume peuvent se faire en demi-lumière. Mais le flacon de vernis sera gardé dans le cabinet noir.

Insolation. — Quand on expose au jour le papier positif ordinaire de Photographie, on peut se contenter des châssis-presses ordinaires, à deux barrettes, qui exercent une pression suffisante pour établir un contact exact entre le papier sensible et le négatif.

Mais les châssis-presses destinés à l'insolation des planches métalliques doivent être modifiés. Il faut doubler le nombre de barrettes et remplacer les ressorts par des vis en bois ou en métal. Chaque barrette doit porter trois ou quatre vis.

A la planchette du châssis ordinaire de Photographie, qui est composée de deux ou trois volets assemblés avec des charnières, on substituera une planchette d'une seule pièce, épaisse et exactement dressée.

On remplacera la glace du fond, qui a ordinairement une force moyenne, par une glace très épaisse et capable de résister à une forte pression.

Les glaces les plus fortes se brisent encore sous l'effort des vis mal dirigées.

Il importe beaucoup pour la netteté des épreuves qu'il y ait une juxtaposition exacte, très exacte, de la planche au négatif, et nous engageons les opérateurs à reporter sur glace les négatifs destinés à la gravure, s'ils n'adoptent pas les clichés pelliculaires.

Il ne faut pas oublier que le procédé au bitume demande des clichés retournés.

Nous avons indiqué dans d'autres livres diverses méthodes pour opérer le renversement de l'épreuve négative. Nous en indiquons une nouvelle qui est très expéditive et qui n'entraîne aucune perte de temps. Elle pourrait sans doute être mieux en place dans un chapitre spécial, mais nous n'avons pas l'intention de toucher à la Photographie pure dans ce travail.

Le négatif développé au fer et lavé ensuite sera mis dans un bain de bichlorure de mercure.

Eau.	1000[cc]
Bichlorure.	50[gr]

Le bichlorure de mercure sera préalablement dissous dans l'alcool.

Quand la pellicule aura blanchi on lavera et l'on versera en nappe sur la glace :

Eau.	200cc
Ammoniaque liquide.	50cc

et on laissera sécher l'épreuve.

On évitera de talcquer la glace avant de verser le collodion.

Voici du reste une règle à suivre qui peut être utile à connaître.

On talcque le verre, si la pellicule doit être détachée à l'état sec et l'on supprime l'emploi du talc, si la pellicule est reprise humide d'une glace pour être reportée sur une autre glace.

En voici la raison :

La couche imperceptible de magnésie, c'est-à-dire de talc, qui reste sur la glace vigoureusement frictionnée, y adhère par attraction moléculaire avec beaucoup de force. Ce corps placé entre le verre et la pellicule de collodion du négatif permet la séparation des surfaces. Il en est de même, comme nous le verrons plus loin, dans le clichage ou ailleurs, de la plombagine interposée entre deux surfaces métalliques unies par suite d'un dépôt galvanique. La reproduction en creux ou en relief ne se séparerait pas du type, si l'adhérence entre ces deux cuivres n'était pas rendue instable par l'interposition d'un corps étranger, qui pourrait être aussi de l'iode déposé en vapeur.

Le talc donc supporte directement le collodion, et quand on sépare la pellicule du verre à l'état sec, le talc qui a été déposé à l'état sec, qui ne forme pas pellicule et qui est une surface formée de points juxtaposés cède sans peine à la traction. Le collodion ne contracte aucune adhérence sur le verre, qu'il ne touche pas, et les déchirures qu'on observe en détachant une pellicule sèche d'un verre non talcqué sont dues à des matières étrangères qui ont fixé le collodion sur le verre, par collage.

Les choses se passent autrement quand on détache la pellicule humide : le collage n'est plus possible, puisque la matière gélatineuse ou gommeuse qui peut opposer de la résistance à l'état sec n'a pas de force à l'état humide.

Le talc est non seulement inutile, dans ce cas, mais il est nuisible puisqu'il retient la pellicule à détacher, sur le verre, et qu'il est très difficile de rompre cette adhérence, puisque la pellicule trop mince de collodion, à l'état humide, n'offre pas une résistance suffisante pour permettre d'exercer une traction quelconque.

Cette adhérence du collodion humide sur le verre se comprend même avant tout essai.

L'eau acidulée qui sert de bain de transport pénètre aisément jusqu'au verre non talcqué, à travers le tissu du collodion, qui est toujours plus ou moins spongieux, et deux surfaces humides, dont l'une est flexible, se séparent toujours aisément.

Sur le verre talcqué, au contraire, l'eau après avoir pénétré le collodion est repoussée par la couche pulvérulente de talc. Elle n'arrive jamais jusqu'au verre, même en prolongeant l'immersion de quelques heures.

Le négatif, quand il est sec, est couvert d'une couche de caoutchouc dissous dans la benzine.

Caoutchouc.	10gr
Benzine rectifiée.	100gr

Ce vernis sèche en un quart d'heure, tout en restant poisseux. On le double en versant du collodion normal à 2 pour 100 sur le négatif, et l'on plonge immédiatement le verre dans une cuvette pleine d'eau assez fortement acidulée par l'acide sulfurique.

Le négatif se sépare du verre au bout de quelques minutes. On porte la pellicule avant qu'elle ne soit entièrement détachée, dans une cuvette d'eau fraîche et l'on susbtitue une glace albuminée ou gélatinée, mais sèche, au premier support.

La pellicule fixée à la gomme, comme on le fait quelquefois dans la tirage sur papier, manquerait de solidité et s'écaillerait sous la pression exercée par les vis du châssis-presse sur le cuivre ou le zinc.

On opérera de la même manière sur les glaces

au gélatinobromure, mais on remplacera la cuvette en porcelaine par une bassine en gutta-percha et l'acide sulfurique par l'acide fluorhydrique. On acidulera à 2 pour 100. L'acide fluorhydrique est dangereux à l'état pur, mais on peut manipuler sans danger avec le dosage à 2 pour 100.

La durée de l'insolation avec des négatifs de traits est en moyenne, en plein soleil, de vingt-cinq minutes. Il sera porté à trois quart d'heure, si le soleil est légèrement voilé. On utilisera le photomètre, si l'exposition se fait à l'ombre. Il n'y a pas de règle fixe à donner dans ce cas. On s'en rapportera à l'instrument.

Comme dans le procédé au charbon, la lumière ne donne pas d'indication du travail qu'elle a fait, et en retirant la glace du châssis-presse, l'image fixée sur le zinc est latente, elle n'apparaîtra que dans le dissolvant.

Si le châssis a été mis en plein soleil on retire le zinc chaud. Il faut attendre qu il soit complètement refroidi, avant de le placer dans la cuvette où l'essence de térébenthine a été versée. Les parties qui doivent résister au dissolvant pourraient être attaquées par suite de la chaleur que la plaque de zinc communiquerait à l'essence de térébenthine.

Dépouillement de l'épreuve. — Après l'exposition, comme avant, du reste, la couche de bitume est très peu sensible à la lumière et l'épreuve peut être révélée en plein jour. Il est, au surplus, nécessaire d'y voir clair pour suivre les phases de l'épreuve pendant le dépouillement. On a essayé bien des produits comme dissolvants : l'huile de naphte, la benzine, le pétrole, le chloroforme, le mélange de ces divers carbures; mais il faut s'en tenir à l'essence de térébenthine qui agit avec régularité sur le bitume et dont la force dissolvante est parfaitement en rapport avec la solubilité du bitume.

La térébenthine a de plus un grand avantage sur les autres dissolvants, elle se mêle mieux à l'eau. Les lavages nécessaires pour enlever de la plaque de zinc tout ce qui est soluble sont plus faciles et plus complets, et il ne reste pas trace de taches grasses sur l'épreuve.

Il se présente ici une question qu'il convient d'élucider pour couper court aux essais qui n'aboutiraient à rien, et qui ne laisseraient aucune fixité dans l'esprit, mais du désordre.

Le bitume est dissous par la térébenthine; mais la benzine et le chloroforme l'attaquent plus aisément. On croit souvent obtenir de meilleurs résultats en changeant le dissolvant et en remplaçant l'essence de térébenthine par le chloroforme ou par un mélange de benzine et de térébenthine ou encore par d'autres dissolvants. On fait surtout des tentatives en ce genre quand une couche trop insolée reste stationnaire et résiste au dissolvant ordinaire.

Il est vrai que l'épreuve paraît gagner au contact d'un dissolvant plus actif. Certains traits perdus dans la couche insoluble sont mis à jour; mais il est rare que le résultat final en soit meilleur. Si l'on gagne quelques traits, on en perd d'autres, et par suite de ce traitement forcé et inopportun, l'épreuve se voile dans certaines parties qui paraissent parfaitement dépouillées, et ces voiles localisés sur certains points forment tache et s'opposent à la morsure de l'acide.

Ces taches, peu apparentes, sont dues à une couche infiniment mince de bitume qui, une fois dissous, sèche presque instantanément sur le zinc avant que l'eau des lavages ait pu l'emporter.

Il convient de s'en tenir à l'essence de térébenthine et de ne tenter aucun essai en dehors de ce produit. Ce dissolvant est adopté dans les maisons spéciales de gravure chimique. La térébenthine doit suffire à tous les cas si les négatifs dont on se sert possèdent les qualités exigées par la méthode.

On placera donc le zinc refroidi, si la pose s'est faite au soleil, dans une cuvette où l'on versera assez de térébenthine pour recouvrir la plaque et, après quelques secondes de contact, on imprimera à la cuvette un léger balancement pour forcer le dissolvant à quitter la plaque et à la recouvrir alternativement. Mais le mouvement doit être donné et renouvelé sans secousses. L'image se révèle immédiatement si le temps d'exposition est juste. L'épreuve se dégage plus lentement dans le cas contraire. La partie de la couche restée soluble et que la lumière n'a pas oxidée, se mêle à l'épreuve. Les traits seuls sont respectés. On peut, sans retirer la plaque de la cuvette, juger de la valeur de l'épreuve. L'épreuve ne doit être retirée qu'au moment où le zinc a repris sa couleur et où il ne reste plus trace de bitume dans les blancs. Les traits sont alors distincts. La couleur brune et quelquefois jaune d'or du bitume se détache nettement du métal.

Il est difficile de se tromper sur la valeur de l'épreuve. Le zinc retiré de la cuvette est lavé à grande eau sous le jet de la fontaine du laboratoire. Il n'y a pas de danger pour l'épreuve. Le lavage sera plus parfait si la pression de l'eau est énergique. Le dessin au bitume est beaucoup plus résistant que l'épreuve de traits au charbon qui exige des ménagements. Les lavages sur gélatine n'ont, du reste, pas la même importance. Resterait-il trace de matière soluble sur la couche insolubilisée de gélatine, l'épreuve n'en souffrirait pas, ou peu.

Mais la plaque de zinc qui passera par la morsure doit être lavée avec un soin extrême. L'eau doit entraîner jusqu'aux dernières traces du bitume dissous ; car ce bitume séchant sur le zinc après le lavage ombrerait légèrement les traits, et cette couche peu visible de vernis suffirait pour rendre le gillotage impossible.

Il a été conseillé de soustraire l'épreuve du contact du dissolvant avant le dépouillement complet de l'image et au moment où l'on estime, par sentiment, que le travail de la térébenthine est à peu près complet. Le dissolvant, a-t-on dit, agit encore et peut emporter certains traits pendant la courte durée de temps qui s'écoule à partir du moment où la planche est retirée de la cuvette pour être portée sous la fontaine.

Cette manière d'opérer ne peut être considérée que comme une exception et ce ne doit pas être la règle à suivre. On pourra s'y conformer dans le seul cas où le négatif manque de vigueur. Le résultat est toujours plus ou moins aventuré si le cliché ne convient pas au procédé. On est dans des conditions telles, qu'il devient impossible de déterminer, même par à peu près, le temps d'exposition.

Il faut, pour obtenir gain de cause au développement, dans ce cas à part, que la lumière ait touché assez profondément le trait qui doit rester sur le zinc, sans insolubiliser les blancs qui correspondent au fond trop clair du négatif et que l'essence doit dissoudre.

Ce point précis est assez difficile à régler et si

l'on y arrive, la surveillance doit être active pendant la courte durée du dépouillement.

Il y a une différence trop peu sensible d'insolubilité entre les blancs qui doivent disparaître et les traits qu'il faut conserver. L'épreuve, après l'insolation, reste dans son entier soluble dans la térébenthine. Ce n'est qu'une question de temps. Si une minute suffit pour dissoudre le fond, les traits, à leur tour, disparaîtront par suite d'une insolubilité plus grande, après deux ou trois minutes de séjour dans le dissolvant.

Dans de telles circonstances, il sera prudent de retirer l'épreuve de l'essence dès que l'on s'apercevra que le fond est dissous, et l'on se hâtera de porter le zinc sous la fontaine pour arrêter immédiatement l'action du dissolvant. Il sera même prudent de placer à sa portée une cuvette pleine d'eau fraîche, pour y plonger sans retard la planche métallique. On la reprendra après pour compléter le lavage.

Ces péripéties de promptitude, de surveillance, disparaissent, et le travail s'exécute méthodiquement, en temps réglé et toujours avec une certitude mathématique de résultat, si l'on opère avec de bons négatifs ayant des fonds d'un noir intense et des traits franchement transparents. On doit être très difficile dans un atelier de gravure chimique, pour accepter les négatifs. Ce travail ne doit pas être confié aux photographes de portraits, qui ne se rendent pas compte des exigences du procédé, tout en restant fort habiles dans leur partie. Le succès, la finesse, la valeur de l'épreuve en relief, dépendent en principe du négatif. Le graveur le plus adroit n'obtiendra rien de bon en dehors de ce premier instrument de travail.

Si l'épreuve positive de bitume est défectueuse sur le zinc, on ne doit pas tenter la morsure. L'opération n'est pas seulement difficile, elle n'est pas possible.

Le dépouillement s'opère normalement et sans surveillance, avec un bon négatif. Si l'insolation est convenable, le zinc peut rester dans la térébenthine aussi longtemps qu'on le voudra. Dans ce cas l'exposition pourrait être prolongée indéfiniment. Le dépouillement sera quand même régulier. On doit donc, par précaution, toujours forcer l'exposition. On ne peut manquer l'épreuve que par insuffisance d'insolation, jamais par excès.

La raison en est simple et il est très utile de la comprendre pour fixer les idées. Insolons en pleine lumière et sous les rayons directs du soleil, une planche de zinc préparée au bitume, mais dont la moitié sera recouverte par une feuille de carton épais.

Si nous portons ensuite le zinc, après cinq ou six heures d'insolation, dans un bain de térébenthine, la partie découverte résistera au bain, et la partie protégée par le carton et qui n'a pas vu le jour sera dissoute. Mais la partie qui est restée soluble, conserverait cette propriété, même après une exposition de plusieurs jours, puisqu'elle ne peut pas être atteinte par la lumière.

Il en sera de même, en sens opposé, pour la partie insolée. Deux ou trois jours de plus d'oxidation par la lumière ne changeront rien au résultat que nous venons de constater. La partie insolée restera insoluble. Elle le sera seulement à un plus haut degré, ce qui ne saurait nuire.

Que cherchons-nous, en somme, en développant cette plaque de zinc? Que le bitume reste intact sur un côté et qu'il soit entièrement dissous sur l'autre.

Comment pourrait-on rencontrer un insuccès dans une opération aussi simple? Y a-t-il même possibilité de ne pas réussir? Oui, dans un seul cas: si l'insolation n'est pas suffisante sur la partie exposée au jour.

Le bitume sera enlevé et il ne restera plus rien sur le zinc.

Il est donc certain qu'en prolongeant indéfiniment l'insolation sur la partie qui doit rester intacte, le résultat cherché sera toujours amené et qu'il ne pourra pas en être autrement. Il ne s'agit plus maintenant pour éviter la perte de temps que de déterminer une fois pour toutes le temps moyen nécessaire, mais seulement nécessaire pour insolubiliser la partie découverte. Ce temps connu, nous ne serons plus exposés à courir des risques au moment du développement et nous serons doublement rassurés et de plus certains de réussir toutes nos opérations, si nous dépassons ce temps moyen reconnu nécessaire, mais qui peut être dépassé sans inconvénient. D'où il faut conclure que les choses ne se passeront pas autrement, quand on expose un zinc bitumé sous un négatif convenable. Les parties insolubles n'occupent plus un côté de la plaque, elles sont remplacées par un grand nombre de traits à jour, isolés ou liés, disséminés sur toute la surface du zinc. Si l'on insole avec excès ou pendant le temps moyen qui est d'une demi-heure au soleil, ces traits ne seront jamais enlevés par le dissolvant. Il importe peu que le trait soit délié ou qu'il soit épais. Il résistera dans les deux cas avec la même solidité.

Le fond du dessin ou du négatif remplace la partie non insolée, qui restera toujours soluble, puisqu'elle est impénétrable à la lumière, quelle que soit la durée de l'insolation.

Il y a cependant une mesure à garder. Un négatif peut être employé dans le procédé, quoique il n'ait pas un fond entièrement opaque; s'il est assez noir cependant pour laisser à la lumière le temps d'insolubiliser les traits, sans trop nuire à la partie qui doit être enlevée par le dissolvant.

Comme la lumière pourrait, par excès d'exposition, finir par oxyder les blancs, il sera prudent dans tous les cas de ne pas exagérer le temps de pose et de fixer à une demi-heure au soleil le temps normal d'insolation.

Nous avons dit que le zinc devait être lavé avec un soin minutieux, si l'on veut qu'il ne reste pas trace de bitume soluble sur l'épreuve et que la partie de la couche qui a été redissoute soit enlevée par l'eau jusqu'à la dernière trace.

On éponge après la surface du zinc avec une feuille de papier buvard mise à plat et sans plis, qu'on presse sur le dessin avec une touffe de coton, et l'on chauffe la plaque aussi longtemps que la main peut en supporter le contact, pour faire disparaître toute trace d'humidité et pour raffermir, en même temps, le bitume.

La plaque de zinc est prête pour la morsure et l'opération suivra son cours régulier, si l'épreuve se détache franchement et avec une couleur dorée sur le fond gris du zinc. L'addition de quelques gouttes d'essence de lavande au vernis modifient le ton d'or du bitume. Le dessin prend, après le séchage, un ton marron violacé, ce qui importe peu.

C'est le moment d'examiner à la loupe, au besoin, si tous les traits sont nets et si rien n'a été perdu pendant le développement. L'image qui est très nettement accusée se prête à cet examen.

Nous conseillons d'étudier le résultat donné par le négatif et l'on se convaincra de prime abord de la nécessité de n'employer que des clichés complets. Car tout trait voilé sur le zinc et qui le sera toujours quand même l'opération serait recommencée, indique le même défaut si l'on se reporte au négatif.

La morsure peut être différée. L'épreuve est dès à présent à l'abri de tout accident. Elle n'a rien à craindre ni de la lumière, ni de l'humidité.

Le travail héliographique est terminé. C'est la partie la plus facile dans la gravure en relief.

La morsure est beaucoup plus compliquée. Mais nous espérons que par suite des détails excessivement précis qui suivront, le gilloteur qui débute n'aura pas grand mal à se rendre maître du procédé.

Retouche de l'épreuve avant et pendant la morsure. — Avant de porter le zinc dans le bain de morsure, on peut corriger les quelques défauts qu'on a pu remarquer sur l'épreuve et qui ont pour origine tantôt l'imperfection du négatif, tantôt la couche elle-même. Ces défauts proviennent quelquefois du développement.

Il arrive quelquefois qu'un trait, voilé dans le négatif, manque de fermeté sur le zinc, ou qu'une ligne se trouve coupée par suite d'un grain de poussière qui s'est mêlé au vernis et qui s'est mis en place du bitume sur la plaque. Le zinc est à nu sur ces points. Il faut absolument le protéger et compléter ce qui manque, à l'aide du pinceau. Ce travail de retouche est excessivement délicat. Il doit être fait à la loupe.

On se sert de vernis à la gomme laque pour ces raccords. Le vernis au bitume ne doit être employé en aucun cas. Il pourrait attaquer et enlever entièrement le trait, qui n'a besoin que d'une correction.

Nous donnerons plus loin la formule du vernis à la gomme laque qui est appelé à nous rendre plus d'un service pendant la morsure.

On pourrait retoucher l'épreuve au crayon ou à l'encre lithographique. Mais les corrections au crayon lithographique et à l'encre n'ont de valeur qu'autant qu'elles sont faites avant la préparation particulière à laquelle nous soumettrons le zinc au cours de la morsure.

Le vernis à la gomme laque peut être employé pendant toute la durée de l'opération.

Il est rare, même en se servant de la loupe, de reproduire au pinceau le trait absent avec toute sa finesse. Le vernis coule et s'étend. Mais on peut toujours reprendre la correction au grattoir et ramener le trait à sa valeur en attaquant le vernis. Il n'y a pas à se préoccuper du zinc, qu'on peut tailler sans danger pour amincir le trait. Le burin en dehors du trait ne fouille que le fond, qui est appelé à disparaître dans les morsures successives auxquelles la plaque sera soumise.

Ces retouches faites préalablement à toute morsure ont une grande importance, car il ne faut pas oublier que le résultat final dépend du premier encrage qui sera fait sur le dessin. Or l'encre, que nous consoliderons ensuite avec de la résine en poudre, ne prendrait pas sur les parties absentes du dessin, points ou lignes, qui n'auraient pas été refaites à l'encre grasse ou au vernis. Le trait ou la partie en relief que le trait doit couvrir, une fois abaissée par l'acide, ne pourrait plus être remontée au niveau des autres parties du dessin.

Ce défaut contracté dès l'origine de la morsure n'aurait pas la même importance sur une planche en taille-douce. Les blancs dans ce genre de gravure sont donnés par la surface du métal, et une ligne en creux sans trop de profondeur, qui se produirait sur le fond, pourrait toujours être enlevée à l'échoppe. Le fond serait ensuite ramené au brunissoir.

Sur la planche relief, c'est le fond qui donne les blancs, et sur cette partie enlevée par l'acide, il n'y a plus moyen de reconstituer le trait en hauteur.

Morsure de la planche en relief. — Il s'agit avant tout de bien comprendre les opérations que nous avons à faire, et surtout de saisir dans le détail l'importance de chacune de ces opérations multiples, qui amènent le résultat final.

Nous avons déjà fait comprendre que toute gravure exigeait plusieurs morsures. La mise en relief d'une planche de zinc est très compliquée et l'on ne peut pas préciser en général le nombre exact de morsures par lesquelles la planche devra passer.

Ce n'est que par l'examen du dessin qu'il faut reproduire, qu'on peut se rendre compte du travail.

On pourrait croire qu'il faut autant de morsures qu'il y a de différence d'épaisseur de traits, et que si le dessin en comporte sept ou huit séries de même épaisseur linéaire, occupant isolément différentes parties du dessin, ce dessin exigera sept ou huit morsures. Cette appréciation ne serait pas exacte, quoique se présentant naturellement à l'esprit. Que le trait pris au hasard dans chacune des séries soit épais ou étroit, le trait le plus fin doit avoir la même hauteur que la ligne la plus forte, mais il faut dans les deux cas ronger le zinc à la même profondeur.

Or comme il n'est pas possible de mettre le trait fin, sans l'emporter, à la même hauteur que la ligne plus épaisse, pour des raisons que nous avons déjà données, l'induction sur le nombre des morsures à faire reposant sur l'épaisseur des différentes lignes serait fausse.

Il faut donc raisonner autrement, car c'est de cette première étude, et il est utile d'en prévenir, que le gilloteur saisira la morsure, qu'on ne saurait trop expliquer.

Le nombre des morsures doit être calculé, non pas sur les diverses épaisseurs linéaires, mais sur la différence des intervalles qui séparent les traits les uns des autres, ce qui n'est pas du tout la même chose.

Il ne faut pas, dans le gillotage, au moment de la morsure, considérer le dessin en lui-même, mais le fond, puisque c'est le fond qui doit être abaissé et qui doit supporter tout le travail de l'acide; et toutes les mesures à prendre ne doivent concourir qu'à la production des blancs de l'épreuve et tout le talent du gilloteur consiste à enlever ces blancs sans nuire au dessin, qui doit rester intact.

On pourrait dire, il est vrai, que nous jouons sur les mots et qu'il serait tout aussi exact d'affirmer que le gilloteur n'a pas à s'occuper du fond et qu'il ne doit avoir en vue que les noirs, c'est-à-dire le dessin.

Cela est vrai dans le fond, mais nous renversons exprès les idées admises, pour attirer l'attention de l'opérateur. Nous avons, en effet, nos raisons pour agir de la sorte :

Le gilloteur prendra ses mesures pour respecter les reliefs; mais ce n'est pas par l'étude des reliefs qu'il atteindra le résultat qu'il cherche, ce n'est qu'en fixant toute son attention sur les blancs qui doivent être creusés proportionnellement à la finesse de chaque trait, et cette graduation dans l'attaque du fond ne saurait être conduite avec régularité, si l'on ne s'en rend pas compte avant de commencer la morsure.

Les intervalles blancs par rapport à la direction à donner à la morsure ont plus d'importance que le dessin lui-même.

S'il y a sept ou huit différences d'épaisseur dans les lignes noires, il en existe une série bien plus grande dans les lignes blanches, et ces lignes blanches ne sont autres que le fond du dessin.

Prenons, pour avoir un type sur lequel nos explications porteront, une gravure en taille-douce que nous nous proposons de tirer en relief.

La gravure en taille-douce est toujours serrée. Le visage et les habits présentent seuls quelques blancs. Le reste du dessin est formé par des traits très rapprochés. Le ciel ou à défaut le fond est chargé de lignes plus ou moins fines, mais l'intervalle qui sépare ces lignes est, à peu de différence près, toujours le même.

On n'aura pas grand mal pour mettre ce dessin en relief.

Les intervalles blancs presque égaux seront rongés par une seule morsure, car le gillotage des dessins serrés, vides d'espaces blancs, est une opération très simple.

La morsure est réduite à sa plus simple expression, par la raison que les blancs ne réclament pas plus de surveillance que le trait lui-même et qu'une morsure simple met la planche en état de tirer en relief.

Le rouleau trouve dans tout son parcours un fond égal sans accident, il roule sur une surface formée par des lignes rapprochées. L'encre ne saurait d'aucune façon pénétrer dans les creux. Ce dessin, en un mot, pourrait être mis en relief sans passer par le gillotage. La galvanoplastie suffirait et le contre-type serait une planche en relief.

La gravure du zinc par le procédé du gillotage n'est difficile qu'en raison des blancs qui séparent les lignes. Et c'est d'après l'inspection des parties blanches qu'on peut à l'avance déterminer le nombre de morsures à faire.

La valeur respective de chaque partie du dessin est traduite par des lignes plus ou moins épaisses et plus ou moins rapprochées.

Les grands noirs, par des traits forts et pleins; les demi-teintes intermédiaires, par des lignes moyennes, et les gris, c'est-à-dire, les ombres les plus légères, par des traits très rapprochés et d'un délié excessif, qui laissent à peine des blancs entre les angles formés par le croisement et l'enchevêtrement des lignes.

Il y aura autant de morsures à faire que le dessin présentera de valeurs inégales. Nous voulons dire que chaque écartement inégal de ligne exigera un passage à l'acide et un encrage.

Ces préliminaires ne sont pas de nature à encourager le débutant, mais, s'il a bien compris ce que nous avons tâché de lui expliquer, il se rendra maître du procédé après deux ou trois essais.

Il faut, en effet, opérer plusieurs fois avant de se rendre un compte bien exact du travail, qui ne peut être bien saisi que dans l'exécution et surtout après l'achèvement du relief.

On ne peut juger l'action de l'acide que dans la première morsure pendant laquelle le dessin garde toute sa netteté. Mais à mesure que le travail avance, l'épreuve se charge de noir, on dirait presque à contre-sens et la gravure n'est achevée qu'au moment où l'empâtement devient général et quand le dessin a disparu sous un placard informe.

Ce n'est qu'après le nettoyage du zinc que la gravure se montre dans son ensemble et qu'on peut apprécier les effets produits par chacune des morsures successives auxquelles la planche de zinc a été soumise.

Reprenons le zinc que nous avons laissé après la retouche tout prêt pour la morsure.

La première attaque doit être à peine sensible. On prépare donc un bain composé de :

Eau	200^{g}
Acide azotique	4^{cc}

Il ne faut pas dépasser cette dose d'acide en commençant l'opération. Ce n'est pas précisément une morsure que nous voulons faire. Nous n'avons en vue que de rendre le zinc lithographique, c'est-à-dire, de le forcer à repousser l'encre du rouleau dans les parties vides de dessin. L'encre, pour les besoins de la morsure, ne doit prendre que sur le bitume, et le zinc légèrement mordu perdant son éclat brillant, est transformé en planche grainée. Il peut, comme la pierre, à cause de la porosité du métal, retenir assez d'humidité pour repousser d'instinct le noir d'impression, surtout après le passage d'une solution de gomme.

Le zinc restera au plus deux minutes dans ce premier bain de morsure. On le lavera, et après en avoir gommé la surface, on le séchera à une chaleur modérée.

On le gommera ensuite, quand il sera refroidi, avec une éponge fine qui ne doit être employée qu'à cet usage et qui sera de grosseur moyenne. Une éponge minuscule ne peut rendre aucun service. On encrera alors le dessin au rouleau, mais on aura soin d'enlever l'excès de gomme avec une seconde éponge bien essorée, qui doit être simplement humide, et nous recommandons, comme toujours, au gilloteur de ne négliger aucun de ces détails précis sur lesquels nous insistons quand nous le mettons en présence d'une difficulté.

Il est si peu aisé d'encrer pour la première fois

l'épreuve au bitume, sans salir la surface du zinc, que cette opération est considérée comme le point le plus ardu du gillotage. Il ne faut pas trop y croire, car on y arrive bientôt quand la main est exercée.

Nous allons indiquer un moyen qui met toute difficulté à néant, mais qui n'est pas en usage dans les ateliers de gravure chimique. Nous donnerons après la méthode en usage.

On remplacera la gomme par une dissolution de noix de galle dans l'eau, qu'on fera, à chaud, dans les proportions suivantes ou par à peu près :

Eau.	200cc
Noix de galle en poudre	25gr

On y mêlera :

Acide phosphorique.	4cc

Ce produit sera filtré au papier et conservé pour l'usage.

Cette décoction sera passée sur le zinc, en place de la solution de gomme, après les deux minutes de morsure. La planche doit être préalablement lavée.

L'encre s'attachera sans peine sur le zinc, dont on aura soin d'humecter la surface, si on laisse le zinc en repos jusqu'au lendemain.

Dans la méthode courante, le zinc, lavé, est gommé comme nous l'avons d'abord indiqué. L'encrage se fait immédiatement.

Mais un rouleau neuf n'est pas ce qu'il faut, surtout pour ce premier encrage. On se sert d'un rouleau lisse en cuir, dont le grain a été fait par l'usage.

Si l'on n'a pas d'ancien rouleau, on doit absolument s'en procurer un ou préparer le cuir neuf, si l'on ne peut pas faire autrement.

Un rouleau en cuir pour cette opération ou pour tout autre travail d'impression se fait, c'est le terme en usage, en le roulant longtemps et à différentes reprises sur la table à encrer, où il s'imbibe peu à peu d'encre et de vernis.

On saupoudre le dessin de résine en poudre quand l'encre a pris sur le bitume, et qu'on ne voit plus de parties présentant un reflet doré.

La résine est passée à l'aide d'un blaireau doux, et l'on enlève avec un second blaireau la résine en excès qui ne s'est pas attachée sur les traits du dessin. Puis on place le zinc à plat sur une table et l'on passe délicatement sur la surface du zinc une éponge douce humide, sans se préoccuper si la résine en poudre tiendra ou si elle sera emportée par l'éponge. On remet, après cette dernière opération, l'épreuve dans le même bain d'acide, et cette seconde morsure ne doit pas durer plus longtemps que la première. On peut jeter le premier bain qui a déjà servi et le remplacer toujours par l'eau à 2 p. 0/0 d'acide. On arriverait au même résultat en ajoutant cinq ou six gouttes d'acide azotique (nitrique) au premier bain, pour le remonter à son titre.

La planche de zinc, au cours de toutes les morsures qui suivront sera continuellement agitée dans la cuvette. On peut laisser le zinc en place et imprimer un mouvement d'oscillation au liquide, ce qui revient au même, mais il est nécessaire que la nappe acidulée qui passe sur le zinc laisse après son passage la surface libre et accessible au contact de l'air. Le métal, en un mot, ne doit jamais rester couvert par l'eau acidulée qui ne doit que passer et repasser sur la planche.

La résine en poudre qui doit être appliquée après chaque nouvel encrage (et un encrage supplémentaire doit être fait après chaque morsure), sert à consolider les lignes du dessin et à les rendre inattaquables à l'acide. Mais pour ce faire, il faut après la morsure chauffer la planche et ramollir l'encre qui se lie alors avec la résine pour ne faire qu'un seul corps.

Nous avons dit qu'on ne devait chauffer la planche qu'après la morsure, et non après l'encrage et après avoir saupoudré l'encre de résine.

Le travail serait fait à contre-sens si l'on s'avisait d'incorporer la résine à l'encre avant de faire passer la planche par le bain d'acide, et l'on serait enclin à opérer de cette manière, si l'on n'était pas prévenu d'agir autrement, car il semble tout d'abord que la résine déposée sur les traits sera enlevée par l'eau du bain. Il ne faut pas avoir cette crainte. La résine qui flottera sur le bain pendant la morsure ne sera pas enlevée aux traits, mais aux parties blanches du zinc, vides de corps gras et incapables partant de retenir la poudre. Il sera même prudent, pendant les trois premières morsures, de passer l'éponge humide, mais avec beaucoup de légèreté, sur le dessin, après l'application de la résine. Il en restera toujours assez pour fortifier l'encre.

Il faut ce léger bouillonnement de l'acide pour enlever l'excès de poudre qui se loge entre les lignes du dessin et qui échappe au blaireau et à l'éponge.

Si la planche était chauffée immédiatement après l'application de la résine, les parties qui resteraient fixées sur le zinc s'y attacheraient au moment de la fusion de l'encre, et la morsure manquerait de régularité.

Le gillotage d'une planche de zinc dure trois heures au moins. Il est toujours dangereux de vouloir activer le travail et de forcer la dose d'acide pour aller plus vite.

Voici la série des opérations qui sont à répéter sept ou huit fois toujours dans le même ordre.

Onze opérations à faire pour une seule morsure.

1° Laver la planche après la morsure;

2° Gommer et sécher;

3° Passer la gomme, essuyer et encrer;

4° Saupoudrer de résine;

5° Enlever l'excès de poudre au blaireau;

6° Passer l'éponge mouillée;

7° Mordre pendant un quart d'heure à partir de la deuxième morsure;

8° Laver à grande eau;

9° Sécher la planche;

10° Fondre la résine et faire couler l'encre jusqu'au pied de la partie mise en relief;

11° Laisser refroidir.

On reprend ensuite la planche et l'on recommence. Ces onze opérations constituent une morsure, et il faut, comme nous l'avons dit, les répéter autant de fois que la nature du dessin l'exige.

Trois morsures peuvent quelquefois suffire pour mettre la planche en relief. Mais il est rare qu'on ne soit pas forcé d'en augmenter le nombre.

Ces attaques successives sont forcées, pour deux raisons. Il faut : 1° que les creux atteignent une profondeur de 2^{mm}; 2° cette pénétration ne peut pas être obtenue d'un seul coup, sous peine de détruire les demi-teintes.

Il s'agit donc de creuser inégalement le zinc, en vue du passage du rouleau qui ne doit jamais encrer les fonds, et le rouleau par la combinaison des morsures, ne pénétrera jamais dans les vides, qui seront à peine touchés par l'acide. Il faut donc bien comprendre que les morsures multiples sont faites d'abord parce qu'il n'est pas possible d'opérer autrement, et ensuite parce que l'encrage les rend nécessaires, et que toutes ces combinaisons ont été imaginées en vue du passage du rouleau.

Le rouleau typographique est préparé avec une matière souple et flexible qui est un mélange de mélasse et de gélatine et que la pression peut faire pénétrer dans les creux de la planche.

Il faut donc d'abord que ces creux, qui donneront les blancs du dessin, soient suffisamment profonds. Plus les traits seront écartés les uns des autres, plus la planche devra être creusée sur les parties correspondantes.

La profondeur des tailles pourra être réduite, si les traits sont moins écartés. Et le zinc ne peut être qu'effleuré par l'acide, si les parties blanches qui séparent les traits sont à peine sensibles.

Le rouleau, en effet, passera sur ces parties qui sont presque au niveau des reliefs, sans plonger. Il sera supporté dans sa course par une infinité de points en reliefs, qui repousseront la pâte de gélatine sans lui permettre de pénétrer. Il suffit que les blancs soient légèrement en contre-bas pour ne pas être atteints.

Mais ces lignes très rapprochées et très fines, seraient, dès la seconde morsure, emportées par l'acide, qui les minerait en dessous, si l'encre, par fusion, ne se déversait pas dans les creux de la planche.

La consolidation de l'encre par la colophane et

la fusion successive de l'encre après chaque morsure constituent le procédé. Les morsures réitérées ne sont possible qu'à ces conditions.

On arrête le coulage après la première morsure dès que l'encre a bouché les intervalles blancs qui séparent les traits les plus serrés. Les gris sont alors prêts pour l'impression. Il n'y a plus à s'en occuper; car les creux correspondants étant bouchés, le noir d'impression au second encrage prendra dans ces parties, sur le trait et sur le fond. Ces creux fermés par l'encre déversée, qui n'occupent pas une place déterminée, mais qui sont un peu partout, disparaîtront comme le trait lui-même sous une couche noire qui leur servira de protection et de réserve pendant les autres morsures qui restent à faire.

Le dessin, comme nous en avons prévenu le lecteur qui supposerait que tout est perdu, commence par perdre une partie de son harmonie. La vue se heurte à regret à des taches noires disséminées sur toute la surface de l'épreuve. Mais ces taches sont la sauvegarde des parties qu'elles recouvrent.

L'encre qui a coulé et qui ferme les tailles serrées après ce premier coulage, n'a pas pu cependant couvrir tous les blancs du dessin et dans les parties où les lignes sont plus écartées, le noir d'impression, en descendant, n'a pu arriver que jusqu'à la base du trait.

Après la morsure et au deuxième encrage l'encre du rouleau respectera ces blancs que nous appellerons de deuxième grandeur, puisque le zinc mordu et gommé repousse l'encre. Le noir ne prendra donc que sur l'arête du trait.

A la deuxième fusion, après morsure, cette nouvelle couche d'encre déposée se déversera plus avant entre les deux traits et elle bouchera, en s'étendant, les intervalles de deuxième grandeur, qui, se trouvant remplis par le corps gras, seront recouverts en entier par l'encre du rouleau au prochain encrage.

Les encrages et les fusions successives finiront par couvrir les intervalles blancs les plus larges et le dessin, après les six ou sept morsures utiles, ne présentera qu'une surface noire, un empâtement général. La mise en relief sera alors achevée.

Il restera cependant par places, dans le dessin, des creux correspondant aux grands blancs, qui ne seront jamais recouverts dans les fusions successives. Ces parties portent le nom de grands blancs. Le ciel, par exemple, vide de traits, est un grand blanc.

Ces espaces sans dessin sont creusés après coup, à l'acide ou à l'échoppe. On les protège quelquefois en les recouvrant avec du vernis gomme-laque, dès la deuxième morsure, mais jamais avant, et on les détache à la scie quand le cliché est prêt à être fixé sur le bloc en bois qui lui sert de support pendant l'impression.

Voilà la méthode à suivre dans le gillotage, qu'on appelle aussi *paniconographie*. Mais il nous reste encore bien des observations à faire et des conseils à donner.

Ce procédé est simple en lui-même et même primitif, mais il exige beaucoup de tact et d'attention de la part du gilloteur, s'il ne veut pas se perdre dans le dédale des opérations. Nous allons classer ces observations par numéros.

1° Au cours de chaque morsure on a recours à des repères, ou points de comparaison pour vérifier la profondeur de l'attaque de l'acide afin que les fonds ou les interlignes soient creusés proportionnellement à la largeur des blancs, pour ne laisser aucune prise au rouleau dans les creux.

En dehors des corrections, la planche doit rester vierge de toute application de vernis jusqu'après la première morsure. Le vernis par son épaisseur gênerait le jeu du rouleau qu'on doit passer avec une grande légèreté de main et qu'il ne faut, dans aucun cas, laisser porter sur le zinc s'il n'a pas son mouvement de rotation. Il doit rouler en touchant le métal et rouler encore dans les mains quand il est enlevé de la surface du zinc. Ce mouvement calculé exige quelque pratique.

Après la première morsure on étend, sur l'une des marges du zinc mise à vif à l'échoppe, un peu de vernis gomme laque et l'on enlève franchement au grattoir le centre de la partie couverte. On ne peut pas vérifier dans l'intervalle des traits qui serait découvert par le contact des doigts, la profondeur de la morsure. Cette vérification se fait en portant l'ongle sur le repère disposé sur la marge du zinc. On découvre à chaque nouvelle morsure une partie de la réserve et ce point de comparaison sert de guide.

2° Après la deuxième morsure on protégera les bords de planche dans le sens de la longueur du dessin, avec le vernis à la gomme laque.

Alcool.	1lit
Gomme laque brune.	100gr
Essence de lavande.	5cc

L'essence peut être supprimée.

On trace sur les deux côtes parallèles avec un pinceau plat un trait d'un demi-centimètre de largeur.

Ces bordures que l'acide est forcé de respecter reste toujours au même niveau que les reliefs. Le rouleau dans son parcours est soutenu par ces guides qui l'empêchent de plonger à droite ou à gauche, et qui l'obligent en même temps, à distribuer l'encre régulièrement sur le dessin.

3° *Formules d'encres à employer dans le gillotage.* — On ne se sert pas d'une seule qualité d'encre pendant toute la durée du gillotage. Il faut que le noir employé puisse se plier aux exigences du procédé. L'encre doit être plus ou moins coulante à mesure que le travail avance et l'on se sert d'une mixtion spéciale pour la dernière opération du gillotage dont il n'a pas encore été question et qui est pour ainsi parler l'âme du travail.

L'industrie ne fournit pas les encres employées dans le gillotage, à l'exception, cependant, de l'encre de report.

On est donc forcé de la préparer soi-même et c'est la raison qui nous oblige à en donner les formules, qu'on pourra modifier sans s'en écarter trop cependant

Le gilloteur se sert de quatre sortes d'encres.

Encre n° 1. — Dans le premier encrage, qui est fait directement sur l'épreuve au bitume, on emploie l'encre de report. On la tient serrée, c'est-à-dire dure en ne la délayant que dans la quantité de vernis lithographique suffisante pour en faciliter la distribution au rouleau. On peut y incorporer quelques gouttes d'huile verte pour la rendre plus solide et plus adhérente. Cette encre coule difficilement, aussi n'est-elle employée que pour consolider le trait au bitume.

Cette encre, chauffée sur la plaque, sécherait sans s'étendre et il faut éviter, dans tous les cas, de trop chauffer le zinc. On ne dépassera pas 200°

c'est donc après la deuxième morsure qu'on prendra l'encre n° 2.

Encre n° 2.

FORMULE.

Cire blanche	100gr
Poix noire	25
Poix de Bourgogne	25
Encre lithographique	50

On fond les produits dans un poëlon en grès et au bain de sable et l'on y mêle assez de vernis pour rendre la mixtion assez molle pour être distribuée au rouleau. Toutes ces encres se préparent de la même manière.

Cette mixtion, déposée sur les traits et chauffée, coule assez facilement. Il faut surveiller le zinc et arrêter à temps le chauffage.

Encre n° 3. — L'encre n° 3 est employée après la quatrième morsure et jusqu'à la fin de l'opération. Nous en exceptons cependant la dernière morsure.

FORMULE.

Cire vierge	50gr
Poix noire	25
Poix de Bourgogne	25
Parafine	25
Huile verte	10
Caoutchouc dissous	25
Encre lithographique	75

Vernis lithographique en quantité suffisante pour ramollir le produit.

Encre n° 4.

FORMULE.

Poix noire	25gr
Poix de Bourgogne	25
Parafine	25
Huile verte	20
Caoutchouc dissous	40
Encre lithographique	50

Cette préparation ne sert que pour un seul encrage qui est le dernier et qu'on ne fait qu'après la morsure générale, quand la planche est terminée. Avant d'y procéder, on nettoie le zinc dans un bain d'essence et de potasse caustique.

Ce dernier encrage s'exécute directement sur les reliefs dégagés de tous les encrages précédents. L'encre est déposée sur le zinc chauffé.

La mixtion ne doit toucher que la surface du relief, sans couler le long du trait. Cette encre doit être dure. Quoique mise sous peu d'épaisseur, elle oppose une grande résistance à l'acide. Nous expliquerons tantôt l'utilité de cet encrage particulier.

4° *Dosage de l'acide.* — La substitution d'une encre à une autre encre plus résistante est faite en partie par rapport à l'eau acidulée qui attaque le zinc et dont on augmente la force à chaque nouvel encrage.

On a commencé la première morsure avec

Eau.	200cc
Acide azotique.	2

L'acide dans la première et dans la deuxième attaque ne doit pas d'épasser 2 pour 100. Mais à partir de ce moment la couche d'encre fortifiée par la résine augmente d'épaisseur. La nature des produits employés d'autre part rend les réserves plus résistantes, et l'on peut mordre le zinc plus rapidement en augmentant la dose d'acide d'un degré, puis de deux, à chaque nouvelle morsure. Mais la limite extrême de l'acidulation ne doit pas dépasser 12 pour 100.

Eau.	100cc
Acide azotique.	12

Le bain de morsure qui, comme nous venons de le dire, peut varier de deux à douze dans les différentes morsures, doit conserver le même degré pendant toute la durée de la même morsure. Si par supposition le quatrième passage de la planche dans le bain acide commence à 4 pour 100 d'acide, on maintiendra le liquide à ce titre pendant toute la durée de la quatrième morsure ou à peu près.

Si l'on opère dans une cuvette en porcelaine on ajoutera de temps en temps pendant le quart d'heure que dure l'opération, quelques gouttes d'acide pour entretenir le bain au degré convenu, car après sept ou huit minutes un bain qui ne serait pas remonté de temps à autre perdrait toute sa force et il n'y aurait bientôt plus dans la cuvette que de l'eau pure et le sel qui se forme par la décomposition du zinc en présence de l'acide et qui est du nitrate de zinc. Dans ce cas la morsure resterait stationnaire et il y aurait perte de temps.

Le nitrate de zinc, qui se forme continuellement pendant la morsure, est par lui-même un obstacle. Il se dépose dans les parties déjà creusées où il arrête l'action de l'acide. C'est pour ce motif et pour un autre dont nous allons parler, qu'il est recommandé de tenir la nappe liquide toujours en mouvement. Le passage continuel de l'acide nettoie les creux et les dégage du nitrate qui ralentit la morsure.

Le zinc, d'autre part n'est pas décomposé par l'acide sans un dégagement considérable de bulles qui s'élèvent en bouillonnant à la surface du bain. Ces bulles sont produites par l'oxygène de l'eau du bain qui se décompose. Elles s'élèvent du fond des tailles avec assez de force pour ébranler les couches d'encre qui servent de réserve, surtout si elles ont à vaincre l'épaisseur de la nappe liquide qui forme le bain de morsure. Le balancement imprimé à la cuvette qui découvre à chaque instant la surface de la plaque de zinc facilite le dégagement de ces bulles.

Dans les ateliers de gravure chimique la cuvette en porcelaine est remplacée par une immense cuve en bois doublé de gutta-percha, et si la maison est importante on peut voir dans la salle réservée à la morsure sept ou huit cuves en ligne, portant sur deux pivots.

Le mouvement de bascule qui amène le liquide sur le zinc et qui le renvoie est imprimé aux appareils par un arbre de couche. Une courroie dont la course est rendue irrégulière par un excentrique correspond à chaque cuve pour la soulever alternativement en sens contraire. Ce mécanisme force le bain à occuper tantôt le haut tantôt le bas de la cuve et, après chaque passage du liquide rongeur, le zinc reste exposé à l'air libre pendant quelques secondes. On grave cinq ou six plaques dans chaque appareil et chaque cuve est acidulée au degré qui correspond à la morsure. On réunit ensemble les zincs qui sont mordus à une égale profondeur.

Des vases disposés exprès sont placés au-dessus des cuves. L'acide azotique tombe goutte à goutte dans le bain, qui se trouve ainsi remonté sans qu'il soit nécessaire de s'en occuper.

5° Quand les morsures sont achevées, le zinc est rongé d'un millimètre et demi dans les parties les plus creuses et l'on emploie dans le gillotage des plaques dont l'épaisseur varie entre deux ou trois millimètres.

Si l'attaque du zinc était faite en même temps du côte du dessin et au verso du métal, la plaque serait percée à jour. Il en résulterait de nombreux accidents et l'on userait d'autre part beaucoup trop d'acide.

Il est d'usage de garantir le dos de la plaque en le barbouillant au pinceau avec du vernis gomme laque dès que l'acide est employé à dose élevée. Cette protection se fait après la troisième morsure. On renouvelle la réserve au cours des morsures, si on le juge nécessaire.

Le zinc, dans les bains forts en acide, s'échauffe quelquefois. Il faut le retirer et le laisser refroidir à l'air ou le plonger dans l'eau fraîche.

Une température trop élevée ramollirait la couche d'encre qui protège les traits; quelquefois même l'encre se détacherait par plaques et le travail serait irrévocablement perdu.

6° L'encrage du zinc ne se fait pas dans les mêmes conditions pendant la durée des morsures. A la première, à la deuxième et à la troisième morsures on passe le rouleau sur le zinc froid, et l'on fait ensuite couler l'encre dans les rigoles creusées par l'acide, en portant la plaque sur le fourneau. Mais quand il s'agit de la déverser entre les grands intervalles. Cette manière d'opérer serait insuffisante.

Dans les dernières morsures et quand on emploie l'encre n° 3, la plaque de zinc sera posée sur la table du fourneau, qui ne doit pas être chauffée à plus de deux cents degrés, et l'encrage sera fait à même sur le zinc chaud; l'encre qui se dépose sur le dessin coule alors aisément et s'avance plus avant entre les traits. Il faut du coup d'œil pour arrêter à point la nappe pâteuse qui s'étend graduellement. Elle ne doit jamais dépasser la base des traits les plus étroits dans la série de ceux qui restent à couvrir.

Il arrive un moment où, comme nous l'avons dit, le dessin n'offre plus qu'une surface noire uniforme, à l'exception des grands blancs, c'est-à-dire des creux que l'encre, malgré le coulage, n'arrivera jamais à fermer complètement.

Il est d'usage à ce moment de se servir d'un rouleau spécial recouvert de flanelle, qui, par pression, peut pénétrer plus avant dans les creux. Ce rouleau doit avoir été préparé à l'avance. On le roule à plusieurs reprises pendant quelques jours sur le marbre à encrer, en substituant du vernis lithographique à l'encre d'impression. La flanelle imbibée se raffermit sans perdre sa souplesse. Elle est en état de prendre l'encre comme le cuir lisse des rouleaux ordinaires, sans laisser de filaments sur le zinc.

On passe ce rouleau à chaud sur la table du four neau, chargé d'encre n° 3. On mord ensuite dans un bain très énergique qui peut dépasser le dosage de 12 pour 100. Mais il est toujours prudent de ne pas exagérer la dose d'acide et de s'y reprendre à plusieurs fois pour achever de creuser le zinc. Il est bon de renouveler plusieurs fois cet encrage qui est toujours saupoudré de fleurs de résine, en ayant soin de ne pas laisser le zinc s'échauffer trop dans le bain.

7° A mesure que les reliefs s'accusent, l'encrage devient plus facile et le rouleau, après la quatrième morsure, pourrait au besoin rouler sur le zinc sec et non gommé. A ce moment les gris et les intervalles de deuxième grandeur sont fermés. Les creux qui restent ouverts sont assez profonds pour être à l'abri des atteintes du rouleau. Le gillotage à ce point n'offre plus l'ombre d'une difficulté. Mais il n'en a pas été toujours ainsi et les trois premiers encrages sont beaucoup plus difficiles à faire.

La plaque doit être encrée à froid et l'on perd un temps précieux pour attendre le refroidissement du métal, qu'on a chauffé pour faire couler l'encre. Il faut en outre faire porter le zinc, pour la régularité dans la distribution de l'encre, sur une base plane et parfaitement dressée où le zinc puisse se redresser sous la pression du rouleau, s'il a été légèrement voilé par la chaleur.

On se sert pour cet usage d'une pierre lithographique de bonne épaisseur. Ces pierres sont exactement dressées et elles possèdent la propriété d'absorber très promptement le calorique. La plaque de zinc y reprend en très peu de temps la température ambiante.

Ébarbage des reliefs et dernière morsure. — Cette opération est une des plus délicates, pour ne pas dire la plus délicate de toutes celles qui ont précédé. On n'y procède qu'après avoir nettoyé le zinc en dessus et en dessous.

On immerge le métal dans un bain qui sert très longtemps et qui est un mélange d'essence de térébenthine et de potasse d'Amérique.

On enlève à l'aide d'une brosse fine toute l'encre qui empâte et qui recouvre les reliefs, ainsi que la gomme laque qui recouvre le verso de la plaque de zinc. On fait disparaître ensuite par un lavage à la benzine les dernières traces de matières grasses qui pourraient rester sur la plaque et on lave à grande eau. On éponge légèrement et l'on remplit les creux avec de la craie levigée ou du blanc d'Espagne, qui adhère entre les lignes sur le fond du zinc humide.

On passe la paume de la main sur le zinc, pour en polir la surface, et c'est à ce moment seulement qu'on peut apprécier le travail. Le dessin se détache par son éclat brillant sur le fond mat de la craie

Après cet examen, on lave le zinc à l'eau. Les tailles sont vidées à la brosse et l'on fait les quelques corrections qui sont jugées nécessaires, avec un burin taillé en pointe ou en biseau.

Ces corrections ne peuvent naturellement porter que sur les reliefs existants. Il n'y a pas de remède si l'acide a enlevé quelques traits.

On enlève à l'échoppe, les points en relief qui ont pu rester dans les fonds et qui prendraient l'encre à l'impression. Ces inégalités qui portent sur la couche qui a été mordue et enlevée par l'acide et qui sont dues à des traces d'encre ou de résine qui ont préservé ces points de l'attaque de l'acide, sont à surveiller dans le cours des morsures. Il faut les enlever à l'échoppe, après le passage au bain et avant l'encrage qui succède, et ne pas leur laisser prendre de l'importance en hauteur.

Ce nettoyage donne plus de régularité au fond au cours des morsures et il doit être fait en vue de la bonne direction du gillotage.

On porte enfin la planche de zinc sur la table du fourneau, et quand elle est chaude, on encre pour la dernière fois l'extrême surface des reliefs avec l'encre n° 4, qui est résistante et qui doit être employée très dure sans addition de vernis si on le peut. La parafine qui entre dans sa préparation est le corps qui résiste le mieux aux acides, après le caoutchouc.

C'est de cette dernière morsure que dépend la finesse du dessin. Mais si l'on n'y met pas tout le soin et toute l'attention dont on est capable, on est exposé à détruire tout ce qui a été fait.

Pour apprécier l'importance et l'utilité de ce dernier passage du relief au bain d'acide, il faut, avant d'y soumettre le zinc, tirer une épreuve à la presse typographique et en examiner les détails. On comparera le tirage avec celui qui sera fait quand la planche sera achevée et l'on jugera de la différence.

Nous expliquons en quelques mots l'utilité de cette morsure qui est en dehors de tout ce qui a été fait, et nous prendrons, pour terme de comparaison, un mouvement d'horlogerie.

La montre vendue doit être repassée. Le blanc-roulant est le mouvement livré par la fabrique. Tout y est combiné pour donner l'heure exacte. Chaque roue est munie du nombre de dents correspondant à la taille des pivots. La montre en un mot peut être considérée comme achevée, mais il reste un dernier polissage à faire. Il faut ébarber les cuivres pour éviter toute cause d'arrêt dans la marche du mécanisme. Le mouvement manquerait de précision si l'on négligeait de polir chaque pièce. Il en est ainsi des reliefs, ce dernier coup de main donnera plus de précision aux traits.

Les six ou sept morsures qui ont abaissé le fond, n'ont pas été faites avec une régularité mathématique. Le descensum du métal en profondeur peut être comparé à un escalier dont chaque morsure a déterminé une marche.

Ces inégalités ou ces talus successifs sont parfaitement accusés et on peut les compter quand le zinc a été dégagé des couches d'encre qui ont suivi chaque morsure.

Ces marches, pour nous servir de la comparaison, formées par les trois premières morsures, ne descendent pas bien avant dans le zinc et le rouleau en passant pourrait y déposer de l'encre qui ferait tache sur le dessin. On pourrait éviter cet accident si l'on encrait à la main, mais les clichés en reliefs intercalés dans le texte, sont la plupart du temps destinés aux presses à vapeur, qui n'ont aucun ménagement pour le dessin.

Cette dernière morsure a donc pour but de faire disparaître ces gradins successifs, qu'il n'est pas possible d'éviter dans le travail d'ensemble, mais qu'on doit faire disparaître après coup.

Unification. — Il s'agit donc de tailler le zinc à pic et de rendre sans déclivité les côtés des reliefs perpendiculaires au fond.

Il serait cependant imprudent d'exagérer ce résultat. Il suffit de détruire les talus résultant des premières morsures en laissant aux traits une base solide. La dernière morsure amène ce résultat, qui est suffisant et qu'il ne faut pas dépasser. Il n'y a pas à s'occuper des irrégularités qui peuvent se rencontrer plus bas. L'acide dans son dernier travail les ronge assez pour émousser les angles trop vifs et pour établir une descente en ligne courbe.

Mais cette dernière épreuve imposée aux reliefs a surtout pour avantage de rendre la surface du trait nette et pure et d'ébarber le haut des reliefs.

On comprend d'autre part le danger auquel l'épreuve est exposée. Il faut opérer avec la plus grande précision, autrement tout est perdu.

Si l'encre employée n'est pas assez résistante et si l'encrage est incomplet, le trait rongé perd la netteté qu'il avait reçue de la première morsure.

Mais si l'opération est intelligemment conduite on appréciera la différence qui existe, en comparant les deux épreuves, celle qui a été tirée avant ce dernier travail et l'épreuve obtenue après cette morsure supplémentaire.

Le zinc lavé est ensuite découpé à la scie, qui enlève les parties qui ne sont pas occupées par le dessin et les grands blancs s'ils ont été protégés au vernis à la gomme laque. On le fixe après sur le bloc, à l'aide de quelques pointes fines pénétrant dans le métal dans des trous ménagés exprès dans les vides du dessin.

Impression des clichés en relief. — La mission du graveur est achevée quand l'épreuve est fixée sur le bloc.

L'éditeur se charge du tirage. Mais le gilloteur doit savoir tirer une épreuve et la livrer en même temps que la planche. Cette épreuve doit rendre tout ce que le zinc peut donner.

Ce travail, qui se fait sous la presse typographique, exige quelques connaissances spéciales.

Le bloc placé sur le marbre de la presse (on appelle marbre la plaque en acier poli qui reçoit le bloc), doit être recouvert, après l'application de la feuille de papier qui reçoit l'impression, de quelques doubles de flanelle pour amortir le coup de presse. La pression, d'autre part, doit être suffisante sans exagération. L'encrage n'est jamais parfait à la première épreuve. Le zinc doit se faire à l'encre. Ce n'est qu'après quelques essais qu'on est fixé sur la valeur de la planche.

L'épreuve d'essai peut être tirée sur deux sortes de papiers : le papier ordinaire et le papier couché.

Le papier couché est imprimé à sec sans mouillage; mais le papier ordinaire réclame cette préparation.

On *trempe*, (c'est le mot d'atelier), ce dernier papier dans l'eau et l'on ne s'en sert, que lorsque, privé de tout excès d'eau, il n'a conservé que la souplesse qui lui a été communiquée par le liquide. Il ne doit pas être mouillé, mais humide.

CHAPITRE II.

Zincographie.

On pourrait définir la zincographie en disant que la zincographie est la lithographie sur zinc. En effet, il n'y a pas d'écart entre les deux méthodes; ce qui est possible sur la pierre peut aussi être exécuté sur zinc.

On n'a demandé jusqu'à présent à la zincographie que la reproduction du trait. Ce n'est pas assez, car ce procédé peut donner les demi-teintes et nous avons vu, dans le journal l'*Illustration* du 3 mai 1884, des reproductions de tableaux assez réussies.

A notre appréciation, le zinc employé comme auxiliaire dans l'impression ne peut rendre des services réels qu'autant que l'encre porte directement sur le métal. S'il y a couche intermédiaire de gélatine ou de gomme, le tirage sera limité à quelques épreuves. Nous en avons expliqué les raisons en parlant des reports.

Il n'y a que deux méthodes pour faire porter l'encre directement sur le métal. L'emploi du bitume, qui, couvert par le noir d'impression, peut être assimilé à l'encre, puisqu'il est, comme vernis, inattaquable à l'eau, et le report de l'épreuve phototypique.

Nous ne parlerions pas du report phototypique si l'épreuve directe au bitume faite sur le zinc, qui peut le remplacer avantageusement, n'était pas, en hiver, souvent difficile à obtenir par suite du manque de lumière.

Si nous avons parlé de demi-teintes, ce n'est pas que le bitume ni même le report de l'épreuve sur gélatine puissent les donner directement sans subterfuges auxiliaires; c'est surtout de ces tours de main qui sont peu connus et peu cherchés qu'il sera question dans cette partie de notre travail.

Nous n'établirons pas de distinction dans nos explications entre l'épreuve au bitume et le report. Les manipulations sont les mêmes, quelle que soit l'origine de l'épreuve sur zinc.

Dans les deux cas, la planche de zinc que nous aurons à traiter sera lisse au début de nos opérations. L'image portera directement sur un zinc brillant et poli, sans grain. En cas contraire, nous en préviendrons l'opérateur.

La zincographie, diffère peu du gillotage. En paniconographie on imprime sur des reliefs très accentués, comme nous l'avons vu, et on se sert d'une presse typographique.

En zincographie le relief est à peine indiqué, et la planche est tirée comme la pierre lithographique. Le traitement imposé au zinc n'est qu'un commencement de gillotage.

Aussi en parlant des reports et des reliefs, nous avons presque traité cette question à fond. Mais ces méthodes ont une telle extension aujourd'hui et on peut en déduire tant de faits et d'applications avec l'aide de la photographie, que nous ne croyons pas inutile d'y consacrer quelques chapitres.

Si l'on se sert de bitume, on traitera donc l'épreuve comme il a été dit précédemment et l'on s'en tiendra aux formules et aux manipulations déjà indiquées. On en fera autant si l'on opère par report.

La seule difficulté est le premier encrage, et nous avons dit que l'emploi d'une décoction de noix de galle en place de gomme rendait cette opération plus accessible au débutant.

Le tirage zincographique est assez délicat. La couche de bitume n'est plus ici un accessoire, un acheminement pour obtenir la vraie couche imprimante, qui est le métal même dans le gillotage, puisque l'on enlève le bitume après coup.

En zincographie, on tire directement sur le bitume encré.

Il convient donc de donner beaucoup de solidité à l'épreuve et l'on devra se servir d'un vernis plus épais. On exposera plus longtemps, pour obtenir une couche insolubilisée dans toute son épaisseur.

Il sera prudent de laisser plus longtemps l'épreuve en repos, en contact avec la solution de noix de galle et de ne commencer le premier encrage que le lendemain, en gardant le dessin sous gomme.

Deux morsures, la première avec l'acide à 2 pour 100 et la seconde à 4 pour 100, suffiront pour obtenir un relief suffisant. Mais il faudra bien se garder de nettoyer la planche au moment de commencer le tirage. Il est indispensable de conserver le bitume et le premier encrage.

L'impression zincographique est un moyen mixte de reproduction. Ce n'est ni la lithographie ni la typographie. Il se rapproche du procédé du tirage sur pierre gravée et il a l'avantage de supprimer la pierre lourde et coûteuse. Il est malheureusement beaucoup plus difficile de tirer sur zinc que sur pierre. Le zinc moins spongieux que la pierre, sèche plus vite et prend plus difficilement l'humidité. On ne pourrait pas encrer une surface lisse comme on le fait sur pierre, il faut absolument que le zinc soit grainé ; mais ce grainage ne peut être fait qu'après le report ou après le développement de l'épreuve au bitume.

C'est la morsure qui constitue le grain nécessaire pour l'impression. L'acide, en attaquant la surface lisse et polie du métal, le pique même très profondément après quelques minutes d contact. On s'en aperçoit bien, si l'on tente de repolir une planche manquée et qui a perdu son brillant.

C'est dans ce réseau de piqûres très régulier, si le métal est pur, que la solution de gomme se loge, en s'insinuant dans le métal, et il reste à la surface du zinc assez d'humidité pour lui permettre de repousser l'encre du rouleau, qui ne s'attache que sur les parties recouvertes d'encre.

L'art d'imprimer sur zinc consiste donc à maintenir cette surface toujours assez humide pour repousser le corps gras. Ce qui est facile sur pierre est plus malaisé sur métal.

On ne peut pas, ou mieux, il ne faut pas tenter d'encrer le zinc mouillé. Il faut, après avoir passé l'éponge chargée d'une solution de gomme suffisamment épaisse, mais coulante et non pâteuse, essuyer après avec une éponge humide et sévèrement essorée. Une surface trop mouillée nuirait à l'encrage, à la solidité du dessin.

Il peut arriver, et le cas est le même sur pierre, que le dessin trop empâté refuse de donner de bonnes épreuves ou encore que le fond se voile si l'on a encré le zinc trop sec.

On tentera alors de ramener la surface à l'aide du rouleau, et si l'on n'y arrive pas, on enlèvera le dessin à l'essence de térébentine. Il suffira d'en projeter quelques gouttes sur le métal, qui, mélangées à l'eau, permettront de nettoyer le zinc à l'éponge. On encrera ensuite et l'épreuve effacée reparaîtra sous le rouleau ; mais il faut du tact et du travail pour réparer l'accident.

On a conseillé quelquefois, si l'on tire sur zinc, après un report fait à l'encre, sans bitume en dessous, d'effacer le report après avoir rendu le zinc lithographique par la morsure et la noix de galle ou la gomme.

Nous n'approuvons pas cette méthode, il est toujours prudent de conserver le premier dessin. Si on l'efface à l'essence, pour exécuter le tirage sur la couche d'encre de report qu'on a substituée au report lui-même, la solidité du dessin ne sera pas plus grande.

En effet, ou l'acide a respecté le report sans passer en dessous du trait ou le trait a été sapé sur les bords.

Si le report porte en entier, directement sur le zinc poli, l'encre qui le remplacera ne sera pas plus solide que le report lui-même ; si la couche a été attaquée en dessous, l'encrage substitué au report sera dans les mêmes conditions que le report, puisqu'il portera en partie sur le zinc piqué et gommé où il ne pourra contracter aucune espèce d'adhérence.

Nous avons dit précédemment que le tirage zincographique était un procédé mixte. On imprime, en effet, sous la presse lithographique sur un dessin en relief.

Le relief n'est pas nécessaire, à la rigueur, puisque le zinc préparé repousse l'eau comme la pierre lithographique. Mais ce demi-relief aide beaucoup dans ce genre d'impression et il ne faut pas négliger de bénéficier des avantages qu'il offre.

L'impression sur zinc, nous l'avons dit, n'est rendue difficile que par le peu d'aptitude du métal à conserver l'humidité.

Or, les piqûres dont il a été question existeront dans les rigoles peu profondes, il est vrai, que l'acide aura creusées autour des traits; mais ces dépressions légères retiendront plus d'eau qu'une surface régulière, et ces lignes creuses serviront de réservoirs qui alimenteront les piqûres du fond. On aura toujours, au surplus, plus de facilité à l'encrage et plus de chance que le rouleau qui glisse à la surface n'atteigne le second plan du zinc.

Nous avons conseillé deux morsures à 2° et à 4° d'acide. Chacune d'elles à sa raison d'être :

La première, qui doit durer un quart d'heure, a

pour but de rendre le zinc lithographique, c'est-à-dire de donner le grain à la planche. Mais elle serait insuffisante.

La seconde, qui doit être faite dans les mêmes conditions de durée avec une eau acidulée, à un plus haut degré, 4 pour 100, nous laisse beaucoup plus de chances de ne jamais graisser les blancs à l'encrage. Il serait dangereux de pousser plus loin la morsure pour augmenter la hauteur des reliefs et pour rendre le tirage encore plus commode.

Il faut considérer d'abord que la pureté des lignes dépend ici de l'encre déposée. Or, pour maintenir la netteté du trait, on ne peut pas employer la couche de fleurs de résine qui consolide l'encre mais qui empâte le trait. On ne peut pas non plus faire couler l'encre, qui augmenterait l'épaisseur de la ligne. Une troisième morsure serait donc dangereuse. Le trait, trop peu garanti par l'encre de report, pourrait être rongé.

Il faut se souvenir d'autre part, que le tirage zincographique se fait sous une presse, à rateau, et le rateau glisserait mal sur des reliefs trop prononcés qui seraient, du reste, aplatis après le tirage de quelques épreuves.

Il serait inutile de tenter un autre genre de tirage. On n'obtiendrait rien de bon à la presse typographique, qui permet cependant l'impression sur une couche de gélatine.

Sur la couche phototypique, il existe des traces de relief, mais il ne faut pas oublier que le fond est souple et flexible, et que le papier peut s'appliquer exactement sur les noirs, le fond s'affaissant sous la pression excessive du marbre de la presse, à cause de l'excentrique qui le gouverne.

Sur la presse ordinaire typographique, l'impression sur la gélatine n'est pas à essayer. Les résultats sont nuls. La pression n'est pas suffisante. Elle ne comprime pas assez la couche de gélatine et l'encrage se fait mal.

Le tirage sur zinc y devient impossible par la même raison. Il y a d'abord insuffisance de reliefs et manque de souplesse dans le fond.

Aussi, dans l'application de la zincographie au tirage des demi-teintes, qui ne peuvent comporter que très peu de reliefs, nous adopterons la presse à cylindre, qui exerce une pression beaucoup plus vigoureuse et qui n'a pas les inconvénients de la presse lithographique ordinaire.

On se bornera donc à deux morsures et on tirera les épreuves sur la presse à cylindre. Le cylindre de photographie pourra servir, si l'on n'a pas mieux. Mais la presse en taille-douce est de beaucoup à préférer. On construit, du reste, à présent, des presses mixtes et élégantes, dans lesquelles on peut à volonté substituer le cylindre au rateau. C'est le modèle à adopter. Ces presses sont appropriées à tous les procédés.

Nous n'avons rien à ajouter comme explication du procédé zincographique appliqué au tirage du trait.

Nous allons nous occuper des demi-teintes en répétant que les opérations faites sur zinc s'appliquent aussi à la pierre.

CHAPITRE III.

Gravure en relief sur cuivre.

La gravure en relief sur cuivre ne différerait pas de la panicographie sur zinc, si le cuivre pouvait être rendu lithographique comme le métal en usage dans le gillotage.

Le cuivre, plus serré de grain, donne aux reliefs des arêtes plus vives et il peut fournir un tirage plus important.

On grave peu en relief sur cuivre dans l'industrie. Ce métal est d'un prix plus élevé et il est plus dur à mordre.

On se borne, le plus souvent, à prendre par la galvanoplastie des copies de la planche de zinc, comme nous le verrons bientôt au sujet de l'électrotypie, et quelquefois on revêt le zinc lui-même d'une couverture très faible de cuivre, pour prolonger la durée du tirage de la planche en zinc. Cette pellicule superposée s'obtient dans le bain alcalin de cyanure de cuivre, à l'aide de l'appareil galvanique composé. Ce dépôt, presque sans épaisseur, consolide les reliefs en zinc et les garantit contre les piqûres.

On développe sur le métal poli l'épreuve au bitume. On peut aussi faire un report de phototypie. Mais la mise en relief du dessin présente beaucoup plus de difficultés.

On peut, à la rigueur, traiter la morsure à l'acide azotique comme nous l'avons fait pour le zinc, mais l'emploi de ce mordant au commencement de l'opération ne permet pas de rendre le cuivre lithographique, et il faut des soins minutieux et une très grande habileté pour obtenir les premiers encrages sans voiler le fond du dessin.

Il est préférable de substituer le perchlorure de fer à l'acide azotique.

Ce produit n'est pas la solution employée en pharmacie, qui manquerait de mordant, mais le perchlorure sec en cristaux, qui se trouve dans toutes les maisons de produits chimiques.

On préparera la solution de perchlorure comme il suit :

Eau.	1000^cc
Perchlorure de fer.	120

Quand le produit est dissous, on filtre le liquide au papier, mais on place un peu de ouate au fond de l'entonnoir.

Ce bain de morsure à 20 pour 100 est mis en réserve et on le dilue en ajoutant de l'eau en quantité suffisante pour le ramener à 10 pour 100 ([1]).

C'est cette solution allongée qui servira aux premières morsures. Le perchlorure de fer attaque le cuivre avec beaucoup d'énergie, et le relief monte plus vite que par l'emploi de tout autre acide. La morsure descend à pic sans s'élargir, et cette seule raison serait suffisante pour faire adopter ce mordant à l'exclusion de tout autre.

Mais ce produit ne peut pas être employé utilement sans expédients.

Il se forme, au cours de la morsure, un dépôt considérable d'oxyde de fer et de cuivre dans les tailles.

Cet oxyde très adhérent ferme les creux, qu'il faut vider pour continuer la morsure. L'eau serait sans action et l'on ne pourrait pas, d'autre part, faire usage de la brosse.

On se sert alors d'un nouveau bain après chaque morsure, qui a pour effet, d'abord, de continuer l'attaque du métal, mais qui possède surtout la propriété de nettoyer les tailles et de rendre le cuivre assez lithographique pour permettre le gillotage.

Nous ignorons si ce procédé a été indiqué, mais l'ayant trouvé nous-même, nous en faisons bénéficier le lecteur.

Il est d'usage, dans la morsure au perchlorure

([1]) Une addition de 2^{cc} d'acide chlorhydrique à 100^{cc} de perchlorure de fer à 10 pour 100 rend le mordant plus actif.

de fer en creux, de border la planche de cuivre avec de la cire à modeler. Le mordant est dans ce cas versé en couche peu épaisse sur la planche même.

Cette méthode ne serait pas applicable à la morsure en relief, qui exige plusieurs morsures. On serait forcé, à chaque reprise, de recommencer le travail de bordure pour faire l'encrage, et le mouvement d'oscillation qui doit être continu dans le gillotage ne serait pas assez prononcé. Les tailles, vu le peu d'épaisseur de la couche, et le manque d'élévation de la cire sur les bords, ne seraient jamais entièrement à découvert.

On mordra à la cuvette comme dans le gillotage du zinc.

Voici la formule du second liquide employé dans la morsure du cuivre :

Eau ordinaire	500gr
Chlorate de potasse	100gr

Le chlorate de potasse sera dissous à chaud dans une cuvette de porcelaine ; à froid, la dissolution de ce sel serait incomplète et la saturation de l'eau n'atteindrait pas le degré suffisant.

On mêle, au moment de l'emploi, de l'acide chlorhydrique à cette solution, qui devient alors très énergique, et qui attaque rapidement le cuivre.

Il ne convient pas de dépasser le dosage suivant :

Eau saturée de chlorate de potasse.	100 parties
Acide chlorhydrique.	10

On n'emploiera le chlorate à 10 pour 100 d'acide que dans les dernières morsures. On débutera par une solution à 2 pour 100, et l'on augmentera la force, à degrés égaux, du perchlorure de fer et du chlorate, dans les bains alternés faits avec les deux produits, qui, pour éviter tout malentendu, ne doivent jamais être mélangés. On lavera soigneusement le métal avant de le transporter d'un bain dans un autre.

La mise en relief du cuivre est, avons-nous dit, beaucoup plus difficile que l'opération de même nature faite sur zinc.

La première attaque se fera au perchlorure de fer à 2 pour 100. On fouillera le cuivre le plus possible pour obtenir, dès le début, un relief prononcé. On surveillera les traits les plus fins et l'on ne s'arrêtera que lorsqu'il y aura péril pour ces lignes. La morsure peut durer un quart d'heure avec l'image au bitume.

En sortant de la cuvette, la planche, bien lavée à l'eau fraîche, passera dans le bain de chlorate. On verra immédiatement et comme par artifice les tailles se vider et le métal reprendre son éclat.

Mais on se souviendra que le cuivre continue à être rongé dans ce second bain, comme dans le premier; l'attaque du métal est même plus énergique. La planche sera donc retirée après deux ou trois minutes et lavée sans retard.

On passera la solution de noix de galle sans

sécher le métal et on laissera le cuivre au repos pendant quelques heures.

A la reprise du travail, le premier encrage ne sera pas fait immédiatement sur le cuivre simplement gommé comme mouillage de surface, mais on le fera mordre auparavant dans le bain de chlorate de potasse pendant une minute ou deux.

Le chlorate de potasse communique à la couche du métal mordu et par conséquent grainé, puisque la morsure est un grainage, quelque chose d'onctueux qui ne peut pas être défini. Cet état particulier permet l'encrage du dessin, si, en retirant la planche du bain, on passe la gomme sans laver et si l'encre est distribuée par le rouleau sur la surface du cuivre épongé, mais humide.

Le peu de chlorate de potasse qui reste dans les tailles facilite l'encrage, et ce produit, sans ramollir le bitume de l'épreuve, lui communique plus d'amour pour le corps gras.

Le perchlorure de fer, employé comme premier bain de morsure, rend le bitume sec et cassant. La couche résineuse est modifiée par la potasse, et l'encre, dans les premiers encrages, qui est desséchée par le perchlorure, reprend sa souplesse et devient plus poisseuse après le passage de la planche dans le bain de potasse.

Le premier dépôt de corps gras d'impression eut être exécuté, si l'on n'a pas de rouleau très bien préparé à l'aide d'un chiffon gras dont on enveloppe le doigt et qu'on recouvre d'un peu d'encre. Mais il faut, au préalable, rendre le noir d'impression très fluide, en y mêlant du vernis. La couche mise au doigt doit être sans épaisseur sur le chiffon, pour éviter de charger les traits, et le doigt attaquerait la couche de bitume par suite des frictions réitérées, s'il n'était pas passé sur l'épreuve avec la plus grande légèreté. Il doit effleurer la couche sans pression.

Ce subterfuge permet d'encrer les traits isolés, qui résistent quelquefois au rouleau avec une persistance qui impatiente le graveur.

Rouleau métallique. — Après le premier encrage, l'emploi des deux bains à part, on suit pas à pas la méthode ordinaire du gillotage. Mais comme il peut arriver, quand le relief est peu prononcé, des accidents au fond, on met de côté les rouleaux en cuir, pour se servir d'un appareil en métal. Ce rouleau doit être en quelque sorte un instrument de précision.

Il peut être en cuivre poli et mieux en cuivre argenté.

On aurait mieux en fondant un lingot de zinc qui serait tourné ensuite et façonné en cylindre.

Un alliage plus mou que le zinc tout seul offrirait encore plus de souplesse et serait mieux approprié au dépôt d'encre. La partie cylindrique roulant sur deux pivots ne doit pas avoir un diamètre trop étendu. $0^m,04$ ou $0^m,05$ suffiront.

Ce rouleau, qui doit être extrêmement précis, simplifie le travail. Il peut être employé à l'encrage, dès que les reliefs sont accusés.

On pourrait s'en servir sur zinc, mais nous avons vu qu'on pouvait s'en passer.

Le métal rigide et qui ne faiblit pas sous la pression ne touchera jamais les fonds. Si peu que le trait soit en relief, il résistera au rouleau, qui sera forcé de ne toucher que la surface.

Mais il faut tenir l'encre dure et rouler le métal sur une surface lisse, sans couche d'encre, pour dégager l'instrument de tout excès de noir avant de le faire glisser sur les reliefs. On doit le charger plusieurs fois pour exécuter le même encrage.

Quand les reliefs ont atteint une élévation convenable et que le rouleau quel qu'il soit ne peut plus atteindre les blancs, on met le rouleau métallique en place pour terminer la planche avec les rouleaux en cuir.

Le cliché en relief sur cuivre est monté sur bloc, comme l'épreuve en zinc.

CHAPITRE IV.

Gravure en creux sur cuivre et sur acier

Gravure sur cuivre. — La gravure en creux sur cuivre, qui porte le nom de gravure en taille-douce, n'a aucun rapport dans l'exécution avec la gravure en relief.

Il ne sera question, sauf prévision contraire, que de la première partie de ce travail, que de la morsure des dessins linéaires, c'est-à-dire du trait. Nous réservons les demi-teintes pour un prochain travail et nous aurons bien des indications à donner à ce sujet.

Le procédé au bitume est la seule méthode à suivre, et la formule que nous avons donnée ne doit pas être modifiée.

Il y a peu de différence, comme résultat d'impression, entre la gravure en creux obtenue par le procédé photographique et l'eau-forte exécutée par l'artiste, si le positif est pris sur le dessin même fourni par ce dernier.

Dans notre cas, le dessin est le résultat d'une opération photographique. Dans le second, la gravure en creux est faite à la main et la morsure la complète.

Le négatif qui nous a servi pour les reliefs, ne pourrait pas être employé dans la gravure en creux.

Le procédé exige une épreuve inverse, c'est-à-dire un cliché positif par transparence, ayant les mêmes oppositions du blanc au noir que le négatif lui-même.

Toutes les méthodes photographiques peuvent fournir ce positif.

Le collodion, le charbon, la plombagine, le gélatinobromure.

Le point important, c'est que le trait soit net et sans voile.

Il est toujours facile de porter remède aux accidents qui ne portent que sur le fond du cliché. Le grattoir enlève les taches, et les voiles dans les traits sont percés à jour à la pointe.

On peut, pour définir le rôle du positif, le comparer à un dessin sur papier blanc.

Il n'y aurait pas à se préoccuper des taches qui seraient en dehors des traits, sur les marges ou même dans l'épreuve, mais cependant en dehors des lignes, si les épreuves reproduites pouvaient être livrées découpées sur les parties blanches, tachées et collées ensuite sur une autre feuille.

Le positif peut donc avoir un fond taché. On enlèvera à la pointe les points plus ou moins étendus qui arrêteraient le passage de la lumière pendant l'exposition.

On pourrait, à la rigueur, supprimer le fond à la pointe en respectant le trait, et si l'on pouvait procéder ainsi, il n'y aurait jamais d'insuccès dans la gravure au bitume sur cuivre et sur acier.

Si les traits sont assez opaques sur un fond bien transparent, le photomètre ne rendra aucun service pour le calcul du temps d'exposition. On pourra laisser le châssis-presse au jour, aussi longtemps qu'on le voudra.

L'important, c'est que la couche de bitume en dehors du trait, soit tout à fait insoluble, et plus elle restera en lumière, plus elle sera résistante à l'acide.

C'est dans notre *Traité de Gravure héliographique* (Gauthier-Villars, éditeur) qu'on pourra lire les différentes méthodes à l'endroit des positifs.

Le bitume est versé sur une planche de cuivre poli.

Les accidents, rayures, points, etc., qui n'ont que peu d'importance dans la gravure en relief, sont plus dangereux sur la planche en creux.

Le côté poli doit être examiné à la loupe, et il faut mettre à l'écart les planches rayées, si les lignes en creux, souvent peu sensibles à l'œil nu, pénètrent assez avant dans le cuivre.

Ces planches de rebut seront reprises au charbon de saule imbibé d'huile, qui use assez vite le métal. On peut arriver, sans perdre trop de temps, jusqu'au fond de la rayure. La différence de plan qui résulte de l'usure n'a pas d'importance dans l'impression sous la presse en taille-douce.

Sans revenir sur ce que nous avons dit, nous rappellerons ici que l'insolation doit être faite dans le châssis-presse à vis, pour obtenir la juxtaposition exacte de la planche et du positif.

On développe dans l'essence de térébenthine.

Il est facile de comprendre ce qui se passe au développement : le fond reste intact et conserve la réserve de bitume.

C'est le trait seul garanti par les noirs du positif, qui est soluble.

Le dessin se fait remarquer par le *brillant* qui le détache du fond.

Il est très utile d'avoir une bonne épaisseur de couche pour protéger les blancs, c'est-à-dire le fond.

Après le développement de l'épreuve, les traits sont examinés à la loupe pour voir s'ils sont à découvert et si le cuivre est à nu.

On peut faire des corrections à la pointe et dégager les lignes voilées ou couvertes, car le métal doit être à vif partout où l'acide est appelé à mordre.

On creuserait du reste après coup, au burin, le

trait qui n'aurait pas été suffisamment rongé par l'acide.

Il est beaucoup plus difficile de réparer les accidents de fond, qui se produisent entre les traits rapprochés.

Les corrections sont souvent difficiles et même impraticables.

C'est donc du fond qu'il faut s'inquiéter avant tout. On ne commencera pas la morsure avant de s'être assuré, par un examen consciencieux, que la couche de bitume (en dehors des traits du dessin) n'a ni piqûre ni rayure.

On protégera au vernis bitumé les points où le cuivre serait à découvert.

On doublera également les parties du fond où le bitume ne paraît pas assez fort pour garantir la planche contre la morsure de l'acide, car la couche peut manquer d'épaisseur si le cliché se trouve voilé sur un côté.

Mais, si cet accident arrive, c'est qu'on n'est pas assez difficile au sujet du cliché dans la gravure héliographique, en général.

On préserve le revers de la plaque avec le vernis gomme laque.

Il ne faut tenter la morsure que sur une épreuve bien pure sur un fond sans défaut. Les corrections qui sont à faire avant de mordre seront très légères. Le vernis de réserve sera appliqué presque sans épaisseur afin de ne pas gêner le mouvement du rouleau au moment où la couche sera recouverte par le petit vernis; car nous aurons à exécuter trois morsures successives, puisqu'il en faut quelquefois trois, suivant les tons du dessin.

La morsure en creux n'exige pas une couche épaisse de bain. On peut mordre à la cuvette, mais il vaut mieux border la planche avec la cire à modeler.

Nous en donnons la formule. Il est souvent difficile de se procurer le produit quand on est éloigné des grands centres artistiques.

Suif.	25gr
Poix de Bourgogne.	10
Cire jaune	50
Térébenthine.	25

Les produits sont fondus au bain de sable dans un poêlon en grès et sur un feu doux. Le résultat, avant complet refroidissement, est formé en bâtons et gardé pour l'usage. On peut colorer le produit en rouge avec une légère addition d'oxyde de fer.

Cette formule, ou, pour mieux dire, le produit, peut être employé en toutes saisons. Il se tient assez ferme en été. On le rend plus maniable en hiver en le ramollissant à la chaleur.

La planche sera attaquée au perchlorure de fer à 5 pour 100.

La morsure en creux est prompte avec ce sel. Au cours du travail, on portera toute son attention sur les lignes les plus légères et l'on s'arrêtera dès que ces lignes auront une tendance à s'élargir. La première morsure dure environ un quart d'heure.

On arriverait plus vite avec une solution de perchlorure à 10 pour 100, mais il est prudent de ne pas exagérer le dosage de l'acide.

Les tailles seront ensuite lavées et débarrassées de toute trace d'oxyde par un séjour de quelques minutes dans le bain de chlorate de potasse peu acidulé.

Eau saturée de chlorate.	100gr
Acide chlorhydrique.	2

Il est utile de s'assurer de la profondeur des tailles pendant la durée de la morsure. On découvre, avant de mettre la planche au bain, le cuivre à la pointe, en formant quelques traits qui n'effleureront que le métal sans l'entamer.

Ces repères seront faits sur la limite extrême de la marge.

On touche ces lignes à la benzine et l'on constate la profondeur du creux.

Cette première morsure ne suffit pas. Les effets de gravure ne sont pas seulement rendus par la largeur des tailles. Il faut aussi tenir compte de leur profondeur.

Une taille large et peu profonde ne prendrait pas assez d'encre pour la transmettre au papier avec une épaisseur suffisante.

Le trait serait gris et la valeur de l'impression ne serait pas en rapport avec les effets prévus et désirés par le dessinateur.

C'est cette absence de vigueur dans les lignes qui fait, à première vue, distinguer la reproduction du type dans le tirage phototypique.

Mais on pourra, dès maintenant, tromper un œil exercé en employant la colle de peau pour former la couche de gélatine.

Cette innovation qui nous appartient, fera franchir un grand pas au tirage sur gélatine, et nous en parlerons longuement dans la partie de ce Livre, au sujet des reports.

Il faut, avons-nous dit, même pour un dessin linéaire, exécuter plusieurs morsures.

Chacune d'elles doit creuser la ligne plus ou moins, suivant l'épaisseur du trait.

La planche est retirée du bain quand les traits fins ont acquis leur valeur. On lave la planche et on la traite ensuite comme nous allons le dire.

On chauffe légèrement la planche de cuivre, mais seulement pour la tiédir et pour en chasser toute trace d'humidité, et l'on passe sur la surface du cuivre un peu de gomme épaisse que l'on s'efforce de faire pénétrer dans les tailles, puis on essuie la surface de la planche et on laisse sécher.

On prépare ensuite le petit vernis en l'étendant sur un marbre lisse et d'aplomb. Il en faut peu. On promène le rouleau sur le marbre et on le passe à plusieurs reprises sur la surface de la planche déjà mordue.

Petit vernis.

Bitume.	50gr
Essence de térébenthine.	240
Cire blanche.	20

Si la surface de cuivre doit être protégée pour passer à la deuxième morsure, il faut cependant que les tailles restent ouvertes pour permettre à l'acide de mordre.

Il convient donc de manœuvrer le rouleau d'une main sûre et de le passer avec une extrême légèreté sur la surface qu'on a à recouvrir.

Quand on est certain que le petit vernis est étendu régulièrement sur toute la planche, on chauffe le cuivre sur un brasier, mais sans le livrer à lui-même. On le soutient avec une pince et on tourne la surface vernie du côté du foyer.

Le vernis dont la couche se régularise par la fusion pénètre légèrement dans les tailles par attraction, mais il ne peut pas s'y déverser, puisque le cuivre est retourné et que la gravure fait face au foyer.

Après refroidissement la planche est lavée à l'eau tiède pour enlever la gomme restée dans les tailles qui a servi à les garantir du vernis.

La planche est séchée encore une fois et l'on

bouche à la gomme laque ou au petit vernis les traits les plus fins qui sont assez profonds pour ne laisser agir le bain que dans les tailles plus larges.

La dose d'acide peut être augmentée dans la deuxième morsure.

On opère dans la troisième comme nous venons de le faire pour la seconde.

Les lignes les plus fortes du dessin ont alors assez de creux pour rendre des noirs profonds au papier.

Gravure sur acier. — On suit la même marche pour graver l'acier, qui est attaqué avec plus d'énergie que le cuivre par le perchlorure de fer.

On peut se servir aussi du bain suivant :

Eau.	150 gr
Azotate de cuivre.	15 gr
Acide azotique.	1 cc

Cette préparation attaque énergiquement l'acier et la morsure est correcte.

On donne peu d'épaisseur à la nappe versée sur la planche bordée, pour bien juger la marche du mordant.

Soins à donner aux planches après la gravure. — La couche de bitume et le vernis sont enlevés à la benzine. On nettoie les tailles peu profondes au doigt et l'on dégage le tout à la brosse mouillée avec un mélange en parties égales d'eau et d'alcool.

On termine par un nettoyage avec une solution de carbonate de potasse, qui neutralise l'acide qui pourrait rester au fond des tailles.

C'est surtout l'acier qui doit être préservé dans les parties creuses.

Le nettoyage des tailles doit être plus soigné sur ce dernier métal.

Comme il y a peu de danger de l'attaquer et d'émousser les arêtes vives qu'il faut respecter avant tout, et que d'autre part le mélange de carbone et d'oxyde de fer qui reste dans les creux y adhère très fortement, on pourra se servir de papier émeri, du numéro le plus fin qui est le double zéro. On l'usera avant au dos de la planche.

Quand le travail de morsure est complètement achevé, si le tirage est remis, on préservera la planche de cuivre de l'oxydation en couvrant la face gravée avec une dissolution légère de bitume. L'acier sera frictionné avec un chiffon chargé de suif. On veillera à faire pénétrer le corps gras dans les tailles.

CHAPITRE V.

Électrotypie.

Les planches en relief sur zinc et les planches en taille-douce sur cuivre, dont il sera question plus loin, ne servent pas au tirage. On conserve les types, et l'impression se fait sur le contre-type, c'est-à-dire sur la reproduction de la planche obtenue par la galvanoplastie.

La méthode suivie dans la reproduction des types s'appelle clichage

Ce travail se fait de plusieurs manières et il diffère suivant que la planche est en creux ou en relief.

L'opération du clichage n'est pas la même non plus pour la reproduction de la taille-douce. On ne reproduit pas la planche de cuivre comme la planche d'acier, mais le bain galvanique ne diffère en rien dans les deux cas. Nous parlons seulement du bain de dépôt avec épaisseur. Car pour la planche d'acier, il faut passer par le bain alcalin de cuivre ou d'argent, qui garantit l'acier oxydable.

Quand il s'agit de contre-typer une planche de cuivre, on descend l'original dans un bain de sulfate de ce métal.

On fixe, à la soudure tendre, une bande de cuivre au verso de la planche pour servir de conducteur et pour éviter que le dépôt de cuivre ne recouvre les deux surfaces, on applique la planche après l'avoir légèrement chauffée sur une feuille de gutta-percha où elle se fixe. Le bain, par cet expédient, n'est plus en contact avec le cuivre et le dépôt n'a lieu que sur la face qui porte la gravure.

Il ne faut pas oublier, ce point est de la plus haute importance, de soumettre la planche gravée aux vapeurs d'iode.

On chauffe l'iode en paillettes dans une cuvette et l'on n'arrête l'exposition de la planche aux vapeurs qui se dégagent que lorsqu'une couche d'iodure de cuivre bien apparente s'est déposée sur le métal [1].

On fait usage du bain simple, c'est-à-dire du bain qui opère par lui-même sans batterie séparée, et qui se compose d'une cuve doublée de plomb ou de gutta-percha.

Ce bain doit être saturé de sel et éclairci par une légère addition d'acide sulfurique, qui précipite les chlorures. Il est d'un dosage excellent s'il marque 22° au pèse-sel.

Il ne faut jamais négliger d'y mêler de la suie

[1] Les vapeurs d'iode peuvent être remplacées par une friction à la cire jaune dissoute dans l'essence de térébenthine.

calcinée. C'est un secret d'atelier. On délaie la suie dans l'eau chaude, 10 grammes par litre suffisent. On filtre ensuite.

Cette addition de suie a pour but de vieillir le bain et le dépôt se fait alors sans stries.

On descend dans la cuve deux vases poreux qu'on a remplis d'eau quelques heures avant. Les vases sont vidés et l'eau ordinaire est remplacée par le même liquide légèrement acidulé à l'acide sulfurique. Les deux vases reçoivent chacun une lame de zinc amalgamé. On relie les zincs avec un fil de cuivre et l'on introduit dans le bain la plaque à reproduire.

Il n'y a pas à surveiller la marche du courant électrique qui est continu et qui fonctionne pendant toute la durée de l'opération sans addition d'acide dans les vases poreux. Le sulfate de cuivre, en se réduisant, met l'acide sulfurique en liberté et cet acide se porte sur le zinc qui se décompose. Il se dépose approximativement autant de cuivre sur la planche qu'il y a de zinc rongé par l'acide.

On enrichit le bain, qui s'appauvrit à mesure que le cuivre se dépose en suspendant sur les bords de la cuve de petites auges percées à jour qui baignent à moitié dans le bain et qu'on alimente chaque jour avec des cristaux de sulfate de cuivre. Il faut de temps à autre déplacer la plaque et la placer dans l'auge en sens inverse pour égaliser la couche déposée, qui serait plus épaisse dans le bas que dans le haut si elle gardait la même position pendant toute la durée du dépôt.

On obtiendra une épaisseur de $1^{mm},5$ à 2^{mm} après cinq jours d'immersion.

Un choc sec et bien appliqué sépare les deux surfaces, qui ne se détacheraient pas si l'on avait négligé de soumettre le cuivre aux vapeurs d'iode.

Cette première épreuve est l'inverse de l'original. Si ce dernier est en creux, le dessin vient en relief sur la copie.

On recommence l'opération sur la copie [1] dans les mêmes conditions et l'on obtient alors la seconde reproduction en creux comme le type.

Ce double travail peut paraître long, mais on ne procède pas autrement dans les ateliers d'électrotypie.

Cette méthode, qui ne fait courir aucun risque aux planches de cuivre, devient périlleuse, et elle n'est même pas à essayer dans les mêmes conditions, dans la reproduction des gravures en creux sur plaque d'acier.

Le bain de sulfate de cuivre, même sans addition d'acide sulfurique, attaque violemment l'acier.

Si l'on plongeait, sans couverture préalable, l'original sur acier dans le bain galvanique de sulfate de cuivre, la planche serait immédiatement

[1] La planche *en relief* qui donne l'épreuve en creux doit être argentée assez vigoureusement à la pile. Le suif, la plombagine et la cire ne seraient pas une protection suffisante pour assurer la séparation des surfaces.

rongée et le type serait détruit même par une immersion de quelques secondes.

Il faut, pour prévenir cet accident, déposer auparavant sur l'acier une pellicule de cuivre suffisante pour résister au bain acide. On peut remplacer ce dépôt pelliculaire par une légère couche d'argent.

On emploie, dans ce cas, l'appareil composé. Le courant électrique est alors amené dans le bain par deux piles de Bunsen, et l'on dispose en face de la planche d'acier à recouvrir une anode en cuivre de même grandeur, qui, placée parallèlement à l'acier, ne doit pas en être séparée de plus de $0^m,03$ ou $0^m,04$. La planche anode fournit le métal utile à la couche protectrice, car le bain alcalin est peu riche en métal. On a le soin d'ajouter par intervalle quelques grammes de cyanure, dissous préalablement dans l'eau. Le cyanure se combine avec le cuivre de l'anode, et le cyanure de cuivre résultant, décomposé par le courant électrique, se porte sur la plaque d'acier. On trouvera de plus amples renseignements dans notre *Traité de Gravure photographique* ou au besoin dans notre *Traité de Galvanoplastie*, qui va bientôt paraître [1].

On ne peut pas se dispenser de régulariser le verso de la plaque de cuivre obtenue par dépôt galvanique. Ce travail se fait à la lime.

Le dépôt direct n'est en usage que sur la gra-

[1] Gauthier-Villars, éditeur.

vure en creux, qui perdrait une partie de sa valeur artistique par le moulage.

Voici la manière d'opérer pour la reproduction des clichés typographiques :

Nous dirons en passant quelques mots du clichage au papier en usage pour la reproduction du texte dans l'impression des journaux.

On prépare les feuilles dans des cadres appelés composteurs. On tire d'abord une épreuve d'essai à la brosse et, après correction, s'il y a lieu, on applique sur les caractères assemblés une première feuille de papier humide et sans colle.

On passe ensuite un pinceau trempé dans la colle d'amidon et l'on presse les feuilles encollées à mesure sur les lettres, en frappant avec une brosse pour forcer le papier à pénétrer dans les creux. On forme un carton de $0^m,003$ ou $0^m,004$ d'épaisseur. Les surfaces sont séparées quand le papier est à peu près sec.

Après dessiccation complète, on coule dans les creux du papier un alliage de plomb et de régule. On ébarbe quand le métal est refroidi et l'on donne, au besoin, au cliché une forme cylindrique en le courbant sur un mandrin pareil au cylindre de la presse rotative. On ménage ainsi les caractères d'imprimerie.

On peut reproduire par ce système les clichés de caractères obtenus par le gillotage. Mais s'il y a des vignettes et dessins comportant quelque finesse, on moulera à la gutta-percha ou à la cire.

On emploie la cire pour reproduire les clichés de petites dimensions. On adoptera le moulage à la gutta-percha si le type à reproduire offre une certaine étendue.

Les deux méthodes donnent d'excellents résultats et deux empreintes du même cliché diffèrent peu l'une de l'autre.

On a par le premier moulage une épreuve en creux. C'est le dépôt de cuivre qui sera en relief.

Moulage à la gutta-percha. — Le moulage du cliché sur gutta-percha se fait plus facilement que les empreintes des objets en ronde-bosse.

On peut dire, en quelque sorte, que le moulage marche tout seul si l'on peut disposer d'une presse spéciale adaptée à ce genre de travail.

La presse Boïeldieu ne laisse rien à désirer. La matière plastique est comprimée graduellement par coups secs, détachés et précis. La force d'un seul ouvrier manœuvrant le volant est plus que suffisante pour la reproduction des plus grands clichés demandés par l'industrie.

On moule la gutta-percha à la feuille ou à la boule.

On prend pour le moulage à la feuille de la gutta-percha de $0^m,01$ d'épaisseur.

On taille dans la feuille, en se servant d'un couteau à lame recourbée destinée à cet usage, un carré correspondant à la surface du dessin à reproduire.

Il faut choisir une gutta bien épurée donnant sous la lame une coupe onctueuse sans bulles intérieures. On choisira de préférence le produit qui a été déjà employé à d'autres moulages.

On pique, au dos, avec une pointe, la carré de gutta-percha. Le côté qui doit être appliqué sur le type est ramolli à une épaisseur de 0m,002 à la flamme du fourneau de l'atelier. Le côté opposé, qui fait face à l'opérateur doit rester rigide et résistant.

Pour mouler à la boule, la gutta-percha est ramollie dans l'eau chaude. L'ouvrier se frictionne les mains avec un peu d'huile, pour manier plus aisément le produit. On forme une boule de gutta et, l'appliquant au centre de la planche, on la rabat des deux côtés en évitant la production de bulles d'air.

Préparation des surfaces. — Si le cliché à reproduire a déjà servi à un moulage antérieur, on y verse, loin du feu, quelques gouttes de sulfure de carbone et l'on frictionne énergiquement les reliefs avec une brosse en crin pour le débarrasser de toute trace de gutta ou de cire. On y passe ensuite un peu de plombagine avec une brosse dure, surtout si l'on a à mouler un bois, pour donner à l'épreuve un reflet brillant.

Le cliché, placé sur le marbre de la presse, est

recouvert de la boule ou de la feuille de gutta et l'on fait manœuvrer le volant de l'appareil.

Après avoir donné trois ou quatre coups, on laisse le tout en repos pendant un quart d'heure, pour que la matière plastique ait le temps de se raffermir par le refroidissement.

On remonte alors le volant, et après avoir tiré à soi le marbre de la presse, on sépare les deux surfaces qui cèdent au moindre effort, si, bien entendu, la gutta est refroidie. Dans le cas contraire, la matière s'attacherait dans le fond des tailles et le moulage serait imparfait.

On examine alors la valeur de l'empreinte pour voir si tous les détails sont bien venus.

Cet examen devient facile, si l'on frotte l'empreinte avec une brosse dure chargée de plombagine qui donne du brillant au moule. Cette opération est, du reste, nécessaire pour la mise au bain.

Moulage à la cire. — Le moulage à la cire, dont les spécialistes ne livrent pas les secrets, passe pour une opération délicate, nous ne savons pas pourquoi.

Il est tout aussi simple de mouler à la cire qu'à la gutta.

L'opération ne dure que quelques minutes et on peut l'exécuter, haut la main, sans études préalables.

Préparation de la cire. — On fond, sur un feu doux, un kilogramme de cire jaune. Mais ce produit serait trop dur. Il ne se plierait pas au moulage seul et sans mélange. On y incorpore à chaud, et pendant la fusion, assez de térébenthine de Venise pour le ramollir et pour le rendre plus plastique. On juge, par quelques essais à la main, de la valeur de la mixtion, qui ne doit être ni trop dure ni trop molle, mais en état de supporter sans faiblir le contact du doigt.

On coule ce mélange dans des cuvettes en plomb, profondes de un centimètre.

L'épaisseur du métal pourra varier entre 0,^{m}006 et 0^{m},007. Il n'y a pas de dimension réglementée, par suite de la nécessité de la presse. Ces récipients seront en rapport avec la grandeur des clichés que l'industrie emploie. Des cellules de 0^{m},20 de côté suffisent à tous les cas, pour les grands et pour les petits moulages.

Ces cuvettes ne jouent qu'un rôle secondaire dans le clichage.

La cire y séjourne indéfiniment et l'on peut mouler une série de clichés sur la même couche.

On verse dans chaque cuvette une épaisseur de cire d'un centimètre, et on la laisse en repos dans un coin de l'atelier, à l'abri de la poussière, pour la reprendre quand il y a lieu de mouler.

Si, dans les journées chaudes de l'été, la cire devient trop molle, on la reprend pour ajouter à la mixtion une certaine quantité de cire pure sans essence.

Pour exécuter un bon moulage, la cire doit offrir une certaine résistance au doigt et céder à une pression moyenne.

La cire à modeler pourrait remplacer la mixtion. On peut se régler sur ce dernier produit pour donner à la cire une résistance suffisante.

On prend une cuvette et l'on ramollit la surface de la cire avec le plat d'un fer à souder qu'on a toujours sous la main pour d'autres usages. Il n'y a pas à ce préoccuper des irrégularités que la surface molle de la matière contracte sous le fer chaud. La pression rétablira le niveau. On porte, après, la cuvette sur le plateau de la presse pour laisser à la cire le temps de refroidir. On remarquera bien que la cuvette ne doit pas être chauffée.

Le cliché, bien plombaginé et brillant, est alors placé dans la cuvette, les reliefs à reproduire en creux en contact avec la couche.

On repousse le marbre sous la presse et l'on fait descendre le plateau supérieur.

Le bois du cliché se trouve en hauteur et la pression ne s'exerce que sur cette partie. Il faut donc que les rebords en plomb du récipient soient toujours plus bas que le bloc.

La cire ne doit pas être pressée brutalement comme la gutta. Un ou deux coups de volant détachés et secs exerceront une pression régulière et comprimeront assez la matière plastique.

On relève immédiatement le plateau et l'on procède au démoulage. On n'attend pas comme pour la gutta.

On souffle sur la cire pour chasser la plombagine en excès et l'on s'assure de la valeur de l'empreinte.

Il est rare que l'on ait à recommencer si l'on opère avec la presse Boïeldieu, qui est l'appareil le plus parfait pour cette application industrielle.

Si, par suite d'une fausse manœuvre, la netteté du trait laissait à désirer, on ramollirait de nouveau la surface de la cire avec le fer chaud et l'on recommencerait le moulage dans la même cuvette.

Il est possible de prendre plusieurs empreintes à la fois dans la même cuvette.

La hauteur des blocs en usage dans l'impression typographique est toujours la même. Une légère différence ne serait pas un empêchement au moulage d'un ensemble.

On vérifierait après la pression, et sans rien déranger. Si le rebord qui s'élève à la base des bois à la suite de la pression indiquait qu'une des pièces a manqué de foulage, on placerait sur les bois, qui laissent supposer que l'empreinte en creux sera défectueuse, quelques épaisseurs de papier, et l'on passerait le tout une seconde fois sous l'appareil à comprimer.

On ne moule à la cire que les clichés délicats et fins, portant les dessins qui servent aux journaux illustrés.

Les clichés de lettres se moulent en gutta-percha. On remplit de craie les vides qui se trouvent presque toujours dans la forme pour arrêter la gutta qui pénétrerait dans les creux et qui produirait des reliefs exagérés sur la pellicule de cuivre dont nous allons parler.

Quand le bloc est détaché de la cire, les bordures refoulées en hauteur qui cernent l'empreinte sont détachées au ciseau.

On fait tiédir la lame de l'outil, qui tranche alors nettement la cire en excès. On évitera surtout de communiquer à la lame une température trop élevée. La cire ramollie par la chaleur coulerait sur les traits les plus rapprochés et le moulage serait à recommencer.

Mise au bain. — Le point essentiel, dans cette industrie à part, est de faire bien, mais principalement d'aller vite et d'expédier les commandes au jour le jour.

Les feuilles quotidiennes n'ont pas le temps d'attendre, et le clichage n'est pas assez rétribué. Les contre-types sont payés, au plus, 0fr,04 le centimètre carré, montés sur bois, découpés à la scie et prêts pour la mise en train.

Il ne faut pas songer à faire un dépôt épais. Le

prix du cuivre déposé et l'usure du zinc équivalente en poids au dépôt de cuivre diminuent les bénéfices.

Une pellicule de cuivre de la force d'une feuille de papier de 15kg à la rame est une épaisseur suffisante.

Il ne serait pas possible, il est vrai, de monter sur bois une feuille de métal qui ploie sous son propre poids.

Outre qu'elle n'aurait pas la planimétrie voulue, les reliefs ne supporteraient pas sans se déformer et s'aplatir l'effort de la presse typographique.

La mise au bain est élémentaire. Elle ne diffère en rien de ce qui a été dit dans d'autres Chapitres. Elle n'exige pas les soins minutieux des reliefs en gélatine dont il sera question dans la photogravure.

On met en contact un fil de cuivre souple avec un point quelconque du moule en gutta ou en cire. On passe avec le doigt un peu de plombagine, que l'on rend brillante par frottement, et l'on attache le fil de cuivre au zinc qui plonge dans l'eau acidulée du vase poreux.

La cuvette en plomb qui porte l'empreinte en cire entraîne le modèle au fond du vase; il doit en être séparé par un espace de $0^{m},05$ à $0^{m},06$. On laisse en dessus une couche de liquide de même épaisseur.

Nous avons indiqué ailleurs la formule du bain et donné les détails supplémentaires.

Après quatre ou cinq heures d'immersion, la pellicule a une épaisseur suffisante.

On détache la feuille de métal du moule en cire en versant de l'eau bouillante sur le dépôt. Si le moulage a été fait sur gutta, l'on immerge le tout dans l'eau chaude.

Si l'on met quelque soin en séparant le cuivre de la couche de cire, les moules pourront servir pour former d'autres pellicules, quand ils auront reçu un nouveau plombaginage.

La pellicule, ou mieux la feuille de cuivre, n'est ni solide ni plane, quand elle a été séparée du moule.

On s'empare de la pellicule et on en relève les bords en forme de cuvette, sans viser à obtenir des arêtes précises. Un angle trop aigu pourrait détacher la partie repliée. N'oubliez pas que nous ne consignons que les manipulations du métier, le travail pratique et industriel. Il est inutile de perdre du temps en soins inutiles.

Ce procédé ne saurait être que par ricochet un procédé d'amateur qui a du temps à perdre. Nous écrivons pour l'ouvrier, dont les heures sont comptées.

On projette ensuite dans la pellicule devenue cuvette, comme le dieu de la Fable, quelques fragments de soudure et on la pose sur une surface plane ou mieux sur le marbre de la presse. A l'aide d'un pinceau trempé dans le chlorure de zinc, on étend la soudure, en chauffant au besoin la pellicule sur toute la surface du cuivre qui doit être blanche comme un métal argenté.

Le cliché est mis alors en état de recevoir la doublure.

On porte après la cuvette-cliché sur le plateau de la presse, si l'étamage a été fait ailleurs, et l'on y verse un alliage de plomb et de régule fondu à l'avance, et, mettant à profit l'état liquide du métal, on donne un léger coup de presse en lançant simplement le volant sur le métal en fusion.

La descente de la platine comprime assez le métal.

On laisse pendant quelques minutes le moulage sous pression. Quand on le reprend, les deux surfaces sont précises et parallèles. Le plomb est adhérent à la soudure et la pellicule de cuivre renforcée peut soutenir l'effort de la presse typographique.

Une épaisseur d'un demi-centimètre d'alliage est plus que suffisante pour assurer un long tirage.

CHAPITRE VI.

Report sur pierre et sur zinc

Nous abordons dans le Chapitre qui suit une question délicate qui n'a pas encore été traitée, les demi-teintes sur pierre.

Il ne suffit pas d'être excellent photographe et d'avoir touché au rouleau d'imprimerie pour tirer, nous ne dirons pas quelques bonnes épreuves, ce qui peut être toujours fait par un imprimeur médiocre, sur le report d'un bon négatif, mais pour continuer le travail sans porter atteinte aux délicatesses de la pierre.

Ce n'est que dans les mains d'un ouvrier habile que la méthode peut donner des épreuves légères, délicates, en tout pareilles à celles de la lithographie ordinaire et même de la photographie.

Mais, avant d'entrer dans la voie pratique, voyons en quelques mots les raisons qui ont écarté des grandes maisons de lithographie l'emploi des reports de phototypie sur pierre.

Ce fait regrettable n'est pas la suite d'un parti pris, mais de l'indifférence des imprimeurs, qui n'ont pas cherché, dès le début, et nous verrons pourquoi, à se rendre compte des avantages qu'ils pourraient tirer de tel ou tel procédé.

La phototypie elle-même, qui est appelée à jouer tôt ou tard un rôle très important, est méconnue. Elle passe, pour ainsi dire, inaperçue sur le continent. L'Allemagne seule, plus avisée, en tire le meilleur parti possible.

En France, les rares maisons qui exploitent les procédés d'impression sur gélatine peuvent se compter.

Les lithographes ne s'en préoccupent pas. Nous estimons cependant qu'un outillage spécial pour ce genre est indispensable à toutes les maisons de lithographie, quelle que soit la nature de leurs travaux, puisque la phototypie peut rendre des services de premier ordre, même dans les impressions ordinaires, dites commerciales, et nous conseillons cet outillage, peu coûteux du reste, dans le cas même où l'on ne demanderait à la couche de gélatine que des épreuves de report.

C'est surtout à ce point de vue que le procédé rendra des services.

Pour porter la conviction dans l'esprit du lecteur, et nous avons à cœur de le faire, nous ne dirons pas de l'utilité, mais de la nécessité d'une presse phototypique à côté de la presse ordinaire, voyons comment on procède en lithographie simple, comment la phototypie peut intervenir, et rendons-nous compte en même temps des raisons, s'il y en a, qui éloignent ce procédé des ateliers de l'imprimeur.

Si l'on a à reproduire des avis de commerce, des cartes, des affiches, les ornements et les lettres sont, la plupart du temps (ce qui permet d'aller vite et de livrer à bon marché), obtenues d'abord typographiquement.

Les fondeurs de caractères livrent aujourd'hui des reliefs d'ornements qui peuvent s'ajuster pièce à pièce, se démonter, se combiner par assemblage et par dédoublement. Il s'ensuit qu'avec un jeu suffisant, on peut avec les mêmes pièces modifier et multiplier les dessins.

Les caractères typographiques, la lettre, ont d'autre part atteint une grande perfection de déliés sous le burin d'artistes choisis.

L'épreuve est donc, comme il a été dit, tirée d'abord en typographie. On la reporte ensuite sur pierre pour la multiplication des épreuves.

Ces reproductions qui pourraient être plus parfaites par l'emploi des moyens que nous passerons en revue, ont une certaine pureté qui les rend très suffisantes pour les travaux courants.

Il arrive encore que le lithographe doit reproduire des épreuves dont l'original a été tiré sur une planche gravée. Nous avouons que, dans ce cas, la phototypie ne saurait être d'aucune utilité, à moins qu'il ne s'agisse d'agrandissement ou de réduction.

Mais combien de fois n'arrive-t-il pas que la planche est détruite ou détériorée au point de rendre le tirage impossible, même pour donner une seule épreuve de report?

Que fera le lithographe? En dehors du report phototypique, le seul moyen qui lui reste c'est le recours à la main de l'artiste qui essaie de dessiner directement sur pierre le sujet demandé par le client. Mais qu'arrivera-t-il si le travail est compliqué et hors des limites du possible? L'artiste s'écartera forcément du type, si habile qu'il soit, et le temps exigé par l'exécution ne sera pas compensé par le prix offert.

Par la phototypie l'imprimeur satisfera promptement et complètement le client. Il lui suffira de se procurer une épreuve (il en reste toujours quelques-unes quand il s'agit de gravure), et il aura en quelques heures le négatif et un report exact et fidèle.

Mais le côté le plus saillant de la phototypie appliquée à la lithographie est la reproduction des sujets pris sur nature, que le dessinateur ne saurait rendre qu'avec une exactitude relative et de convention.

Du jour où la lithographie sera en mesure de reproduire ce genre d'épreuves, les épreuves photographiques et les épreuves aux sels d'argent n'auront plus de raison d'être et la lutte industrielle ne sera plus possible. La gélatine sous les rouleaux mécaniques ne pourra pas lutter avec la pierre ni produire dans les mêmes conditions de bon marché.

Mais les applications de la phototypie ne sont pas limitées. Nous savons maintenant comment on peut reproduire les tableaux et les dessins ombrés par la gravure.

Une application intelligente de cette méthode fait sortir des planches merveilleuses, le mot n'est pas osé, des mains de M. Rousselon, le graveur de la maison Goupil. Certes le procédé n'est pas compliqué, mais il ne s'ensuit pas que toute personne qui voudra y toucher puisse atteindre les mêmes résultats.

Les procédés que nous décrivons ont une valeur incontestable ; nous n'en dirions rien s'il en était autrement, mais ils ne sont tels que dans de certaines mains.

Il faut une instruction particulière, un goût sûr, une grande habileté de manipulation, une connaissance suffisante des produits chimiques, un outillage perfectionné, une direction habile dans la conduite des bains chimiques ou galvaniques. Il est très difficile de réunir tous ces facteurs.

Ce n'est pas tout : l'opérateur au début a besoin de beaucoup de patience. Ce n'est que par la reprise du travail et l'observation qu'on arrive à la régularité et à la perfection. Il se présente, dans ces travaux délicats et compliqués, une série d'accidents auxquels il faut remédier, des déviations imprévues qu'il faut corriger. On n'arrive qu'à mi-route, si l'on n'a pas l'intuition naturelle qui fait apprécier du premier coup d'œil la valeur et la précision d'une réaction.

Un traité n'est qu'un guide, un aide passif qui conseille, mais qui ne démontre pas. Il y a loin de la lecture à l'exécution, comme de la coupe aux lèvres. Dans la musique, sans virtuosité on ne rend pas l'œuvre d'un maître. Il n'y a pourtant rien à trouver. Tout est écrit.

On ne démontre pas le sentiment. On peut tout au plus le développer.

Il en est de même quand la photographie tend à reproduire les œuvres d'art. Tout est écrit, mais cela n'est écrit que pour les personnes qui ont une aptitude particulière, une faculté d'intuition, presque du sentiment, à l'endroit des procédés.

Nous ne sommes pas étonnés d'entendre dire quelquefois : Cette méthode est mauvaise, il n'en sort rien de bon. Il faut s'en prendre non pas au procédé, mais à soi-même, si l'on veut rester dans le vrai.

La méthode est si peu mauvaise que l'opérateur le plus maladroit en tire accidentellement un résultat partiel excellent. S'il ne réussit pas régulièrement, c'est par manque d'habitude, d'expérience ou d'observation.

Nous avons déjà parlé de photolithographie, dans un traité spécial. Nous reprenons ce sujet pour décrire en quelques mots diverses applications. Si nous n'avions pas les preuves en main, au besoin l'attestation de plusieurs établissements industriels, nous n'oserions pas affirmer qu'on peut, avec l'épreuve tirée sur gélatine, puis reportée sur la pierre, lutter à armes égales avec la gravure au burin pour le trait et faire une concurrence sérieuse à la lithographie en reproduisant sur la pierre les sujets à demi-teintes, et enfin, ce qui est plus important, transformer les sujets à demi-teintes, pris sur nature avec l'objectif, en clichés en relief tirant dans le texte.

Ces assertions sont exactes et c'est pour le démontrer que nous revenons sur nos pas et donnons quelques notes supplémentaires sur la photographie et sur la photolithographie.

Ces digressions ne sont pas oiseuses dans un ouvrage, quand elles visent le but à atteindre et qu'elles sont écrites avec l'intention bien arrêtée de persuader le lecteur de l'importance des redites. Les livres qui traitent de certaines matières ne sont jamais de trop et l'œuvre la plus entachée de nullité a toujours une page instructive.

Nous verrons comment on peut reproduire par voie galvanique les tableaux et les dessins. Nous savons d'autre part que la phototypie nous donne des résultats analogues quoique de moindre valeur. Mais il n'a jamais été question, dans nos précédentes brochures, des demi-teintes obtenues par la photolithographie ni des demi-teintes en relief par l'intermédiaire du report sur pierre; c'est pour compléter cette lacune et pour subvenir à un besoin industriel que nous reprendrons, dans le deuxième volume, des sujets que nous avons laissés passer presque inaperçus et qui ont acquis par la suite une grande valeur, à notre appréciation. Le lecteur n'aura rien à y perdre. Le temps marche, et il survient des modifications et des perfectionnements qu'il est bon de connaître.

Nous nous sommes proposé il y a déjà longtemps, en écrivant notre première brochure, de passer en revue tout ce qui touche de près ou de loin à la photographie et de tenir le lecteur en haleine et partant au courant du progrès photographique.

Nous poursuivons notre tâche, persuadé que nous sommes d'avoir rendu quelques services à l'industrie et certain d'être encore utile en communiquant à mesure le résultat de nos expériences personnelles et volontiers les progrès amenés par autrui.

Les traités de simple photographie abondent. Ils se bornent aux détails utiles, à l'obtention du négatif et de l'épreuve positive sur papier aux sels d'argent, au charbon ou au platine, pour la satisfaction du plus grand nombre.

Les autres parties de l'art photographique (et il n'y a pas à discuter cet assemblage de mots qui paraît incohérent, vu son extension) sont laissées dans l'ombre.

Les ouvrages techniques sont, en général, peu lus. Le nombre des lecteurs est restreint, et il n'y a rien qui puisse étonner, puisque la plupart des personnes qui s'occupent de photographie n'y cherchent qu'une distraction.

Mais cet horizon borné n'est pas celui de la photographie. Il y a au-delà du paysage et du portrait une série d'applications qui succèdent à celles qui sont déjà acquises, à mesure que l'observation inscrit une formule sur le carnet déjà si complet dont la première page porte la signature de Niepce et où il reste encore des feuilles en blanc.

Les traités sur les travaux industriels sont plus rares. Nous ne prétendons pas combler cette lacune, mais nous nous efforçons d'initier le lecteur aux secrets de l'industrie photographique et de lui persuader qu'on peut tirer de bien des procédés un parti beaucoup plus grand qu'on ne le fait.

Ces modifications dont nous avons parlé et qui paraissent sans importance de prime-abord seront appréciées par les personnes compétentes, qui savent combien il en faut peu pour faire passer les résultats du médiocre au parfait.

Au cours des opérations que nous sommes amené à faire dans les maisons d'impression, nous avons toujours remarqué avec satisfaction l'étonnement produit par certaines opérations dont on n'avait pas su comprendre la portée et qui simplifient les travaux lithographiques.

Si la phototypie doit être un auxiliaire si puissant, on nous demandera pourquoi les lithographes intelligents ont eu si peu d'engouement pour ce procédé.

Les difficultés inhérentes aux manipulations, à la connaissance et à l'emploi raisonné des produits chimiques, le temps relativement long nécessaire pour former un opérateur capable, et les prétentions inacceptables des opérateurs déjà formés ont effrayé les chefs de maison. Ils n'auraient certes pas reculé devant la dépense d'une installation supplémentaire, mais ils n'avaient pas confiance dans le procédé qu'ils se sentaient incapables de diriger faute de connaissances suffisantes.

Il n'en a pas été de même de la gravure. Le burin s'est sacrifié en partie et il a accepté dès le début l'aide de la photographie. Le graveur est toujours doublé d'un artiste. Il est de plus un peu chimiste par nécessité de métier. Les travaux qu'il entreprend sont d'autre part d'une exécution difficile et ce qui est simple pour le lithographe est souvent pour le graveur une grosse difficulté. Tout ce qui peut simplifier son travail lui convient.

Prenons comme exemple la gravure de la lettre. Le graveur est obligé de buriner dans le cuivre ou dans l'acier. L'industrie ne lui fournit pas la lettre toute faite. Or la gravure de la lettre est un art spécial, et les artistes capables de reproduire un dessin à la pointe sèche, l'aquafortiste et le graveur en taille-douce, si habiles qu'ils soient, reculent eux-mêmes devant l'exécution de la lettre et laissent la gravure de la légende au spécialiste. Il faut remarquer en outre que les artistes graveurs sont peu nombreux. Les productions en ce genre sont limitées, et pour lutter avec sa concurrente toute puissante, la lithographie, la gravure, ne trouvant pas dans les ressources du passé une aide suffisante, a tendu immédiatement la main à la photographie.

Le graveur n'est pas un commerçant dans le sens du mot. Son matériel est restreint. Il n'avait pas à en tenir compte, et il a compris dès le début tout le parti qu'il pouvait tirer du travail raisonné de la lumière. Il a marché droit au but.

On peut constater aujourd'hui que ses prévisions se sont réalisées et que ses tentatives ont été fructueuses.

La gravure chimique est dès à présent une industrie nouvelle, une innovation amenée par la photographie et qui emprunte à cette dernière tous ses moyens d'action, comme nous l'avons vu dans les Chapitres qui précèdent.

La lithographie a été plus rétive. Après les découvertes et la cession des brevets de Poitevin, une seule maison importante tenta des essais qui n'aboutirent pas.

Le mouvement fut enrayé du coup. Les lithographes, qui ne peuvent exploiter leur industrie qu'au grand jour et non dans le secret du laboratoire, n'osèrent pas toucher à la méthode dont l'application était devenue une propriété privée. Il n'y eut donc ni effort, ni essai, ni tentative. On fut, du reste, persuadé qu'il n'y avait plus rien à prendre, ni aucun parti à tirer d'une découverte qui restait sans valeur et sans application dans les mains d'une société intelligente, à la tête d'un personnel habile et d'un outillage perfectionné.

Il est certain que la lithographie serait entrée dans la voie suivie par la gravure, si elle n'avait pas été arrêtée par les brevets. Si chacun avait apporté sa part d'observations et de bon vouloir, la lithographie aurait depuis longtemps réduit son matériel encombrant, et, par suite, ses frais d'exploitation.

Nous admettons, en outre, que la lithographie aurait accepté la photographie, si les difficultés de son œuvre courante eussent été égales à celles que le graveur rencontre dans les travaux qu'il est obligé de faire.

Relativement, la lithographie est une industrie facile comme exécution. Le fondeur fournit les lettres toutes gravées, les ornements ciselés. Il n'a, s'il opère par reports, qu'à combiner les ornements et à aligner les caractères, comme nous l'avons déjà dit.

Elle peut satisfaire immédiatement à la demande et, faisant bien, elle ne s'est pas préoccupée de mieux faire.

Elle a toujours eu sous la main, pour les cas particuliers, des dessinateurs habiles et en plus grand nombre que le besoins ne l'exigent. Cette industrie, en effet, a pris dès l'origine une telle extension, que les jeunes dessinateurs l'ont suivie en foule serrée. Les maisons d'impression ont toujours trouvé, à l'heure donnée, un spécialiste pour exécuter leurs dessins sur pierre.

C'est cette facilité d'exploitation qui explique en partie l'accueil froid fait à la Photographie.

Il semble cependant que tous les efforts des lithographes devraient tendre à réduire dans les plus grandes proportions possibles ce nombre considérable de pierres qui augmente à mesure qu'une maison se développe et qui absorbe la moitié du capital utile à l'exploitation. Nous estimons qu'il serait possible, en tout cas, d'en supprimer une bonne partie et d'y substituer les clichés photographiques pelliculaires.

Le lithographe mettrait en réserve, dans un simple carton, les dessins qui peuvent être redemandés, et la série de types : médailles, armoiries, encadrements, si utiles dans une imprimerie.

Ce qui a manqué jusqu'à présent, à la lithographie, c'est la possibilité de mettre les épreuves de report en réserve.

Cette méthode a été cherchée longtemps mais sans succès.

On a compris, depuis l'origine de cette industrie, que l'entassement de pierres au repos était une cause de ruine ou, en tout cas, un fardeau très lourd à porter.

On a tenté plus tard l'impression sur zinc, mais le métal a été reconnu insuffisant. Les recherches en sont là.

Si la méthode que nous proposons peut satisfaire à ce desideratum, pourquoi ne pas tenir compte de tout ce qui a été écrit sur la matière?

On a toujours une excuse prête, une arrière-pensée en réserve pour se défendre de piétiner sur place sans tenter un effort pour aller en avant.

Nous sommes d'accord. Cette innovation dans le travail n'a pas été sanctionnée par la pratique (surtout dans vos ateliers), les donneurs d'avis ne sont pas du métier et n'ont aucune responsabilité à encourir.

Mais Sénéfelder n'était pas du métier quand il a imaginé la lithographie. S'il avait pu utiliser les moyens dont on dispose aujourd'hui, il est permis de croire qu'il en aurait tiré tout le parti qu'on est en droit d'en attendre.

On sera bientôt convaincu en prenant la peine de faire quelques essais.

Entrons plus avant dans la question et précisons les faits.

Un report bien exécuté, d'une pierre sur une autre, fournit des épreuves égale en tout point à celles de l'original. Ce n'est pas à discuter, puisque la multiplication du type par le report est une des chevilles ouvrières du métier.

Il suffit donc de tirer une épreuve parfaite de report et d'exécuter ce report avec adresse, pour entrer dans la voie pratique. L'origine ou la source du report importe peu.

Nous disons alors à l'imprimeur : Prenez une épreuve de phototypie reproduisant un dessin au trait (nous nous occuperons plus tard des demi-teintes), et étudiez-la en dehors de toute idée d'application à la lithographie. Il est évident que le report de cette épreuve que vous trouvez parfaite (si le report est possible, et si vous le jugez bon, pareil ou supérieur à ceux qui sont faits par vos ouvriers), sera reproduit exactement par la pierre.

Si la méthode permet d'opérer comme il vient d'être dit, sans autres difficultés que celles qui se présentent dans la pratique courante, le négatif qui a fourni le report photographique pourra en toute circonstance et à toute date en fournir un pareil. On est donc alors dans la nécessité de conserver le dessin sur la pierre, après le tirage?

Il suffira, si notre affirmation est exacte, de disposer d'une série restreinte de pierres répondant aux dimensions usitées dans l'industrie lithographique.

Nous comprenons très bien que le lithographe conserve sa pierre et qu'il ne sacrifie pas un dessin qui a coûté fort cher et qui exige souvent un temps très long pour être refait par le dessinateur; mais, si le travail peut être reproduit en quelques minutes, avec la même exactitude et sans frais, par les moyens que nous proposons, la question change de face. Ce n'est plus le dessin qui a une valeur dont il faut tenir compte, mais la matière brute, c'est-à-dire la pierre qui coûte cher, surtout dans les grandes dimensions.

Pourquoi ne pas substituer à cette masse calcaire une simple feuille de gélatine portant le négatif?

Si les reports phototypiques offraient de grandes difficultés d'exécution, si le travail exigeait le concours d'ouvriers spéciaux, et si ces reports, en en un mot, n'étaient possibles que dans des conditions telles que l'industrie eût à en tenir compte, comme temps passé, dépenses trop élevées, etc... nous comprendrions l'hésitation du lithographe.

Il y a tout avantage à accepter des procédés qui permettent de réduire le matériel et qui simplifient le travail.

Le lithographe n'a pas d'excuses aujourd'hui, s'il persiste à fermer ses ateliers à la photographie.

Les manipulations ont été depuis quelques années modifiées du tout au tout par l'apparition du procédé au gélatinobromure. On pourrait dire que la photographie à passé dans les habitudes de la vie intime, puisque tout le monde est photographe.

Le laboratoire n'a plus l'importance d'autrefois. On obtient sans frais et sans installation spéciale un bon négatif, à l'aide de plaques sèches au gélatinobromure, dont la fabrication a donné naissance à une nouvelle industrie.

Le matériel photographique nécessaire à une maison d'impression qui n'a à s'occuper que de reproductions et de reports est limité à l'achat de quelques objectifs et d'une chambre. Le cabinet noir éclairé à la lumière rouge est facile à installer.

Il y aura place pour les appareils dans toute imprimerie et un coin inoccupé pour le cabinet noir.

La question de l'opérateur et de ses exigences n'est plus à soulever.

A quelques exceptions près, les maisons d'impression ne se fondent pas pour disparaître en un jour.

Cette industrie exige un capital sérieux. On n'imprime pas sans un matériel important, d'un transport coûteux, et sans un local vaste et difficile à trouver.

Les grandes maisons se déplacent peu. Les fils y succèdent aux pères. Nous conseillons donc aux futurs successeurs ou à ceux qui les dirigent, de leur inspirer le goût de la photographie, en leur donnant, comme instruments de distraction, des appareils en rapport avec leur âge. On peut constater que la majorité des photographes ont commencé par être de simples amateurs.

Les jeunes gens ne tarderont pas à prendre goût à ce travail facile et séduisant et ils deviendront en peu de temps d'excellents opérateurs, sans qu'ils s'en doutent et sans efforts.

Quand le temps sera venu de prendre en main une partie de la direction, ils s'occuperont, par goût, par esprit d'innovation et de recherches et comme conséquence de ce qu'ils ont appris, des applications de la photographie à l'impression. Ils y seront d'autant mieux poussés qu'ils auront sous la main les appareils d'une part, et de l'autre les presses et des ouvriers formés pour la seconde partie de ce travail, c'est-à-dire de l'impression.

Nous renvoyons le lecteur à nos divers Traités sur la Photographie et sur ses applications, pour y étudier les parties que nous ne ferons qu'effleurer dans ce livre. Nous ne traiterons ici que des matières qui ne sauraient être passées sous silence.

Ce travail n'étant pas destiné aux photographes, mais aux imprimeurs et aux graveurs, il ne sera pas inutile de donner quelques détails sur les objectifs, pour familiariser le lecteur avec les expressions en usage, et lui indiquer en même temps les combinaisons d'optique qui conviennent le mieux aux travaux de reproduction.

De l'Objectif considéré comme un instrument de reproduction pour les reports sur pierre.

Nous ne ferons pas la description de l'objectif. La photographie est trop répandue, tout lecteur en connaît la forme et l'usage.

Il sait en plus que cet instrument, qui est l'âme de la photographie, est une combinaison de lentilles ou verres d'optique, convexes ou concaves, et qui sert à renvoyer les images extérieures sur le champ ou verre dépoli de la chambre noire.

Ce qui importe au lithographe et au graveur, s'il n'a pas encore touché à notre partie, c'est de connaître la nature de l'instrument pour la reproduction.

Nous établissons en principe qu'il n'y a pas de reproduction sans bon objectif. Nous disons de reproduction ; ce qui signifie, pour bien expliquer notre pensée et pour mettre l'opérateur en éveil, que tout négatif pour épreuve de report entaché d'un défaut quelconque n'a pas d'application possible et ne peut rendre aucun service au lithographe.

Les défauts d'un cliché sont de natures différentes.

Un négatif peut être gris, trop énergique, manquer de transparence dans les détails, par excès, par manque de pose ou par suite d'un développement incomplet ou mal conduit.

L'objectif n'est en cause dans aucun des cas que nous venons d'énumérer et nous renvoyons le lecteur à notre *Traité de Gravure* [1] pour plus amples renseignements.

Nous parlerons ici des défauts exclusifs résultant de l'emploi de l'objectif, car un négatif, destiné à l'application que nous lui réservons, peut réunir toutes les perfections au point de vue chimique et être impropre au travail, s'il y a déformation dans les lignes ou si la netteté n'est pas la même dans toute l'étendue de la reproduction.

Ces deux défauts résultent de l'imperfection de l'objectif et souvent de l'inexpérience de l'opérateur, qui prend au hasard, dans sa série, un instrument insuffisant et qui ne saurait rendre des services en dehors de sa destination.

Chaque instrument a des aptitudes spéciales. Il ne faut pas s'en servir à contre-temps,

L'explication des expressions usitées en optique photographique pourront, par elles-mêmes,

[1] Paris. Gauthier-Villars.

débrouiller l'opérateur et lui permettre d'apprécier la valeur d'un objectif, en général, tout en le fixant sur le choix à faire dans le cas particulier.

On emploie en parlant d'un objectif les mots :

1. Foyer.
2. Foyer optique.
3. Foyer chimique.
4. Profondeur du foyer.
5. Ouverture d'angle, grand angle, petit angle.
6. Distorsion.
7. Diaphragme.
8. Rapidité.

Quel sont le sens et la valeur de ces expressions?

Nous n'avons pas l'intention de donner trop de développements à ces explications ni de traiter la question d'optique, qui nous retiendrait trop longtemps sans utilité pratique. Nous nous bornerons aux quelques éclaircissements qui vont suivre.

On entend par foyer ou longueur focale la distance exprimée en centimètres qui sépare l'objectif du verre dépoli de la chambre noire, quand l'image est rigoureusement nette. Cette distance se calcule à partir du diaphragme, si l'objectif ne travaille pas à toute ouverture.

Cette distance n'est pas à la rigueur le foyer exact ou absolu de l'instrument, mais cette donnée est suffisante et peut servir de règle.

Si nous considérons le foyer ainsi défini comme

foyer absolu, on pourra aussi le nommer foyer optique. C'est le point exact ou mathématique où l'image envoyée par l'objectif accuse la plus grande netteté. De là l'expression : *mettre au point*, en terme d'atelier.

Le *foyer chimique* ne diffère pas du foyer optique. Ces deux mots ont la même signification s'appliquant à un objectif bien construit. La coïncidence chimique correspond dans ce cas à la coïncidence optique.

Il faut entendre dans le sens strict du mot, par foyer chimique, un défaut de construction qui n'était pas rare aux débuts de la photographie, mais qu'on observe peu souvent sans les instruments modernes, mieux construits.

Le vrai foyer d'un objectif qui a ce vice, n'est pas le point précis représenté par la longueur focale, mais un point intermédiaire quelconque en avant ou en arrière, qui ne peut être déterminé que par des essais préalables et par la connaissance exacte de l'objectif imparfait dont on se sert. Après s'être assuré que le foyer n'est pas exact, on mettra au point. Si l'image n'est pas nette au développement, on insolera une deuxième glace en avançant un peu la glace dépolie du côté de l'objectif, si le défaut de netteté persiste. On tirera vers soi la glace dépolie, et après un troisième développement on sera à peu près fixé et l'on déterminera sans difficulté le foyer utile, c'est-à-dire le point anormal où les rayons chimiques prennent toute leur puissance actinique.

La profondeur de l'objectif est l'aptitude de l'instrument à reproduire avec la même netteté les objets du premier, du second et du troisième plans.

Prenons comme exemple un paysage : si l'instrument a de la profondeur, la colline à l'horizon qui occupe le dernier plan, sera reproduite sur la glace dépolie de la chambre avec la même précision que l'accident de terrain qui touche à l'appareil.

Remplaçons le paysage par une allée d'arbres. Si l'allée se dessine dans toute son étendue et si les deux premiers arbres et les deux derniers ont une netteté égale, l'objectif sera dit *à grand angle*.

Si avec un autre objectif adapté à la chambre, l'allée n'est prise qu'en partie, les bords de la glace dépolie restant vides de dessins, l'objectif sera dit *à petit angle*.

La planitude du champ est la propriété que possède l'instrument de rendre, avec la même exactitude, les objets placés au centre de la glace dépolie et ceux qui en occupent les bords.

Quelquefois les lignes des monuments et des dessins vus sur le verre dépoli manquent de parallélisme. Les lignes ne sont pas perpendiculaires au plan de base. C'est le cas de distorsion. L'objectif est défectueux. Ce défaut était fréquent dans les anciens objectifs simples. Les objectifs pour vue et reproduction sont munis maintenant de plusieurs lentilles et les épreuves sont exemptes de déformations.

L'ouverture d'un objectif est donnée par le diamètre de la petite lentille ou par l'ouverture du diaphragme.

Les *diaphragmes* qui sont livrés en série par l'opticien sont des lames de cuivre percées d'ouvertures proportionnées à celle de l'instrument. Le diaphragme se place dans le milieu des deux lentilles. On le glisse pour le mettre en place dans une fente ménagée pour le recevoir.

Le diamètre de l'ouverture des diaphragmes varie suivant le numéro. Le n° 1 peut n'avoir que quelques millimètres et le dernier la moitié du diamètre de la lentille.

Le foyer de l'objectif augmente en raison du rétrécissement de l'ouverture du diaphragme et la rapidité de l'instrument diminue en proportion.

La rapidité de l'objectif dépend de la combinaison des verres, de la transparence du cristal et du foyer. Plus le foyer est court, plus rapide est l'objectif. On peut déterminer par comparaison, en opérant, la plus ou moins grande rapidité d'un objectif par rapport à un autre objectif. Mais on y arrive sans essais préalables par un calcul très simple que l'on trouvera dans la 2e édition de notre Traité sur le gélatinobromure [1].

[1] Gauthier-Villars, éditeur.

On supprimera dans l'atelier de reproduction l'objectif à portrait dont le champ n'est pas plan et qui manque de profondeur de foyer. Le rectilinéaire rapide peut au besoin le remplacer.

Les cinq objectifs suivants composeront le rayon d'optique :

1 Rectilinéaire rapide.
1 Triplet achromatique.
1 Aplanétique.
1 Grand angulaire.
1 Globulaire.

Produits, accessoires et appareils pour les reports photographiques sur pierre.

Produits chimiques employés dans le procédé au gélatinobromure.

PREMIÈRE SÉRIE.

Le rayon chimique se composera de :

Ammoniaque liquide.	1000gr
Protosulfate de fer.	1000
Oxalate neutre de potasse.	1000
Bromure d'ammonium.	100
Hyposulfite de soude.	2000
Acide citrique.	100
Alun.	250
Alcool.	1000

Bichlorure de mercure.	100
Iodure de potassium	200
Vernis négatif.	1000
Caoutchouc en solution	1000

Produits spéciaux pour l'impression et les reports.

DEUXIÈME SÉRIE.

Gélatine.	2000gr
Bichromate d'ammoniaque	250
Colle de peau.	1000
Borax fondu.	100
Potasse à l'alcool	100
Encre de report.	100
Baume tranquille (huile verte) . .	100
Vernis lithographique.	250
Plombagine lavée.	1000
Glucose liquide	500
Gomme arabique	500
Acide sulfurique	2000

Il ne sera pas question dans ce travail des produits chimiques pour l'obtention du négatif. L'emploi de ces produits est indiqué dans notre Traité sur le gélatinobromure. Nous donnerons en lieu et place les renseignements utiles sur la seconde série.

Accessoires.

6 Plaques de cuivre rouge planées et grainées de 24 × 30.

6 Plaques de cuivre rouge planées et grainées de 30 × 40.

6 Plaques de cuivre rouge planées et grainées de 50 × 60.

Ces plaques doivent avoir une épaisseur de $2^{mm},5$.

Le cuivre jaune peut être substitué au cuivre rouge. Il est moins sujet à se voiler à l'étuve et pendant le tirage.

Le grain ne s'émousse pas sur cet alliage, qui est plus dur que le cuivre rouge. L'épaisseur de $2^{mm},5$ n'est pas exagérée. Plus minces, les plaques perdent leur planimétrie, même par la chaleur.

6 Châssis à vis répondant aux dimensions des cuivres.

Ces châssis seront à vis et à 4 barrettes en bois ou en métal. Les châssis ordinaires fonctionneraient mal. La pression de la planche de cuivre sur le cliché ne serait pas suffisante et les reports seraient défectueux par défaut de contact pendant l'insolation.

On donnera aux glaces des châssis une épaisseur de $0^{m},01$ à $0^{m},02$.

Des glaces plus minces ne résisteraient pas. Tous ces détails seront notés avec soin. Toute indication donnée a sa portée.

1 Étuve formée par une caisse en bois bien close s'ouvrant par devant.

Cette étuve à fond de tôle sera mise d'aplomb

sur des briques, à la distance de $0^m,30$ du sol. L'intérieur recevra des tringles en bois, mises de niveau pour supporter les planches de cuivre dont les rangées seront séparées par un espace de $0^m,20$. On placera au-dessus de l'étuve un tube d'appel en zinc pour activer la ventilation pendant le séchage de la couche de gélatine.

La chaleur produite par un bec de gaz, par une lampe à pétrole ou par un réchaud sera communiquée à l'intérieur de la boîte par la tôle du fond. La chaleur sera plus douce et l'on évitera les accidents de poussière.

Pièce obscure. — Un imprimeur n'est pas un chimiste. Les instruments de précision qui sont à leur place dans un laboratoire seraient inutiles et sans usage dans la pièce destinée à la préparation de la couche de gélatine.

On remplacera, à mérite égal, ces appareils par des ustensiles ordinaires qui ne chargeront pas le budget.

L'adresse de la main suffit pour régulariser les mouvements et les déplacements qui sont à faire dans le cours des opérations.

Nous appellerons pièce obscure un cabinet de préparations de 6^m de longueur sur 5^m de largeur où les planches de cuivre seront couvertes de la couche de gélatine destinée à fournir le report.

Le travail exécuté dans ce réduit spécial pourrait être fait en demi-lumière.

Nous parlons, il est vrai, de gélatine; mais il n'est pas question ici de gélatinobromure. L'introduction accidentelle de la lumière blanche dans la pièce, même pendant quelques minutes, n'exercerait aucune influence sur les couches imprimantes. Il n'y a pas non plus à s'inquiéter de la lumière jaune, qui n'a pas de prise sur la gélatine bichromatée.

Ces observations ne s'adressent qu'au lecteur qui n'est pas initié à nos travaux et qui pourrait supposer que la gélatine a la même sensibilité dans toutes les applications qui en sont faites.

La pièce obscure, malgré le sens attaché à l'expression, sera parfaitement éclairée. Elle recevra autant de lumière qu'il pourra se faire et autant que possible un jour franc, arrivant directement de l'extérieur. On changera la lumière blanche en lumière jaune en substituant des verres de cette couleur (le jaune citron clair) aux carreaux blancs des fenêtres. A l'exception de la lumière électrique, qui peut en toute circonstance remplacer la lumière du jour, un éclairage artificiel quelconque n'a rien de nuisible aux opérations. Mais la lumière jaune, qui n'est pas comptée au mètre cube, doit être préférée à tout autre éclairage.

On placera en ordre, suivant le local, et de manière à éviter tout encombrement, les objets que nous désignons ci-après :

1 Étuve.

Des planches formant tables et mises exactement de niveau, que l'on fixera le long des murs ou des cloisons.

2 Niveaux d'eau.

A défaut de gaz : 2 Lampes à pétrole à 2 ou 4 becs.

1 Bain-marie.

1 Récipient en cuivre ou en terre, d'une contenance de 5^{lit} ou 6^{lit}, pour eau chaude.

1 Vase en grès pouvant recevoir les pièces qui servent au gélatinage et qui sera rempli aux deux tiers d'un mélange à parties égales d'eau et d'acide sulfurique.

2 Capsules en porcelaine de 600^{gr}.

Pour la préparation des planches de grandes dimensions :

2 Capsules moyennes de 250^{gr}.

1 Série d'entonnoirs en verre de 100 à 500.

2 Porte-entonnoirs en cuivre.

1 Table solide et fixe, mise d'aplomb au niveau d'eau.

1 Fontaine de laboratoire.

1 Lampe ordinaire.

1 Paire de ciseaux.

2 Éprouvettes graduées de 100^{gr}.

2 Éprouvettes graduées de 500^{gr}.

1 Éprouvette graduée de 25^{gr}.

1 Série d'agitateurs.

1 Support à vis calantes.

3 Cuvettes en zinc répondant aux dimensions des planches de cuivre.

1 Balance de 2^{kg}.

La gélatine, le bichromate d'ammoniaque, le borax, l'alcool, l'acide sulfurique, indiqués dans la deuxième série des produits, seront à demeure dans cette pièce, ainsi que les cuivres grainés et prêts à recevoir la couche de gélatine.

Outillage pour le report. — Les presses lithographiques employées pour le tirage ordinaire lithographique pourraient à la rigueur donner une épreuve de report, mais nous n'en conseillons pas l'emploi.

Une méthode qui exige pour l'encrage des rouleaux spéciaux et une surface molle, variable, qui n'a pas la rigidité de la pierre, sort des conditions ordinaires. La gélatine serait malmenée par la presse lithographique.

Le râteau de la presse ordinaire ne peut, dans aucun cas, détériorer la couche calcaire. Le dessin seul pourrait être rayé par maladresse.

La gélatine a plus d'exigences, et, malgré tous les soins et une surveillance active, la couche de gélatine courrait des risques à tout moment sous la pression rude et brusque du râteau.

Nous avons conseillé au ministère de la guerre de remplacer le rateau par le rouleau pour obtenir l'épreuve de report.

On aura donc dans la pièce réservée aux reports ;

1 Presse lithographique à râteau et à cylindre.
1 Presse en taille-douce.
1 Presse typographique.
2 Rouleaux ordinaires.
2 Rouleaux en caoutchouc.
3 Rouleaux en gélatine.
3 Éponges fines.
1 Paire de ciseaux.
3 Cuvettes en zinc.
1 Réservoir pour eau chaude.
1 Main de papier couché.
1 Main de papier fort, satiné.
25 Feuilles de bristol laminé.
1 Pot d'encre de report.
100gr d'huile verte.
250gr Vernis lithographique.
1 Flacon d'eau de potasse.
1 Flacon de glycérine.
1 Flacon de gomme liquide.
1 Flacon d'essence de térébenthine.
1 Série de couteaux, grattoirs, etc.

Nous n'entrerons pas dans tous les détails de l'impression ni du tirage. Il en a été question dans notre Traité de photolithographie et de phototypie.

Dans cette addition à nos travaux antérieurs de

date, nous nous adressons plus spécialement aux imprimeurs, et nous déterminons d'une manière précise les accessoires supplémentaires et les dispositions à prendre pour isoler dans l'établissement tout ce qui a trait à la partie photographique, jusqu'au moment où les pierres traitées par cette méthode seront portées dans l'atelier général d'impression et mises entre les mains des ouvriers ordinaires, qui en feront le tirage à bras ou sous la presse à vapeur.

Aussi n'introduisons-nous dans la pièce réservée aux reports que les accessoires spéciaux qui n'ont pas ou peu d'emploi dans l'imprimerie ordinaire lithographique.

Si nous cherchons à isoler les opérations qui sont propres au procédé, c'est qu'il y a avantage.

Il ne doit pas y avoir confusion. Notre outillage, qui diffère comme usage et comme entretien, doit rester dans les mains du spécialiste.

Préparation des planches de cuivre pour le report.

Grainage. — Nous avons affirmé d'une manière absolue, et nous en aurons à l'occasion les preuves dans les mains, que les reports de phototypie surpassent en finesse ce qu'on obtient en lithographie simple.

Il est juste de tenir notre promesse et temps d'indiquer les moyens à prendre pour atteindre le résultat, qui tient autant aux soins à donner à chacune des opérations successives qu'aux préparations et aux formules.

Il n'y a rien à négliger ni dans l'ensemble, ni dans les détails; et telle indication qui peut paraître négligeable ou superflue est souvent le nœud du travail et la cheville indispensable dont l'importance ne se fait pas sentir à la lecture.

Les livres du genre de celui-ci sont généralement très mal lus, même par les personnes intéressées à comprendre.

On n'y remarque que ce qui peut tenir dans le cadre des idées personnelles. Le lecteur comprend tout, mais il est fixé d'avance sur les points qui lui paraissent (à lui, bien entendu) convenir ou non au procédé. Il tient pour nulle telle ou telle indication que son défaut d'expérience et avant tout essai préalable lui désigne comme inutile et sans apport au résultat.

Il faut se tenir en garde contre ces idées préconçues : dans le cours de nos démonstrations nous avons eu souvent l'occasion d'en constater les conséquences fâcheuses.

Y a-t-il une méthode plus simple, plus essentiellement pratique, écrite avec plus de sincérité, que le *Traité sur l'émail?*

Peu d'opérateurs arrivent cependant à saisir le

procédé et à s'en rendre maîtres. Ils opèrent en sens inverse des recommandations ou par à peu près.

Au cours des démonstrations pratiques, ils affirment que l'opération faite à contresens, en dehors du temps précis et sans être accompagnée des soins nécessaires, a été indiquée à la lettre, comme ils l'exécutent, à telle page du Traité.

Ce n'est que par une seconde lecture plus réfléchie qu'ils avouent s'être trompés et avoir attaché peu d'importance au détail qui a causé régulièrement les insuccès. C'est ce que nous voyons tous les jours dans notre laboratoire de démonstration.

Pour les reports et pour le tirage normal des épreuves phototypiques, le cuivre jaune doit être préféré au cuivre rouge, pour plusieurs raisons.

L'épreuve se détache mieux sur fond jaune que sur fond rouge et le grain plus dur de l'alliage est moins sujet à l'usure. Les planches résultant de l'alliage des métaux en question résistent aux corps durs. On les raye difficilement et, en tout cas, cet accident auquel il faut remédier quand même sur la planche en cuivre rouge, par l'usure du métal, travail long et souvent désespérant, n'a pas les mêmes conséquences sur l'alliage jaune. La traînée du corps dur n'est que superficielle, sans profondeur. Elle dépare la régularité du grain, mais sans conséquences nuisibles. En phototypie, suivant le cas, on peut employer la planche lisse ou la planche à grain. Les lignes brillantes, sans profondeur, qui miroitent à la surface n'ont pas d'influence sur le tirage, puisque le métal n'est en somme que le support de la couche imprimante.

Mais il y a dépression sur la couche de gélatine et marque visible sur l'épreuve, si le support est attaqué par un corps dur, dans une certaine profondeur.

Le cuivre jaune a une grande supériorité sur le cuivre rouge. Les planches formées par l'alliage du zinc ne se voilent pas. Elles ne perdent pas par la chaleur la planimétrie de surface.

La planche de cuivre rouge, si bien planée qu'elle soit, se déforme plus ou moins, suivant son épaisseur, dès sa mise au travail.

Elle contracte ce défaut rédhibitoire dans l'étuve. Il est très difficile de la remettre en état de service. La chaleur dilate les molécules du métal. Les dimensions en surface et en épaisseur augmentent, et dès le premier passage à l'étuve, la surface s'élève au centre et s'abaisse sur les bords.

Tout report exact devient impossible. Les lignes perdent leur netteté, surtout dans les reproductions ou dans les reports qui offrent quelque surface.

Cette déformation rend la juxtaposition précise de la couche de gélatine au négatif impossible au moment de l'insolation, et les vis de pression n'ont pas assez de puissance pour établir un contact exact entre les deux surfaces.

La glace, qui n'est sujette à aucune déformation, ne serait-elle pas préférable ?

Nous n'avons rien à dire contre l'emploi de la glace substituée au métal. Elle est employée dans beaucoup d'ateliers de phototypie, surtout en Allemagne; mais nous avons des raisons sérieuses qui nous engagent à conseiller l'emploi des planches métalliques en phototypie et particulièrement pour l'application que nous voulons en faire aux reports lithographiques. On peut du reste adopter les planches en plomb, qui ne se voilent jamais.

L'expérience, qui nous sert de règle et qui nous fixe toujours dans le choix des moyens, nous autorise à conseiller le choix du métal.

Nous n'employons pas la gélatine seule, dans le sens stricte du mot, dans notre couche. Les épreuves que nous avons exposées maintes fois ont été appréciées comme finesse et comme vigueur.

C'est à ce dernier point de vue, la vigueur, que nous préférons le cuivre à la glace.

L'épreuve, il n'y a pas de contestation possible à cet égard, est plus vigoureuse sur la planche de cuivre. Les reports seront plus corsés, plus riches en encre et par suite supérieurs. Cette vigueur d'encrage ne nuit en rien à la netteté des lignes. Les lithographes savent bien que deux épreuves de report peuvent être également bonnes, mais ils choisiront pour l'application celle qui, à netteté égale, offre un encrage plus vigoureux.

Le tirage sur glace est gris. Une couche de gélatine trop dure s'oppose à ce qu'il en soit autrement. La dureté du trait devrait, ce semble, produire un effet contraire et retenir plus d'encre.

Il en serait ainsi certainement si, dans le tirage sur gélatine, tout n'était pas relatif, quelle que soit la nature du négatif. Une surface capable d'imprimer qui n'est pas une pierre lithographique est en dehors des règles ordinaires de la lithographie. La pierre dessinée préparée prend l'encre ou la repousse pour ainsi dire d'instinct.

Il n'y a pas de passage intermédiaire entre le corps gras qui a une aptitude naturelle à s'unir à une matière similaire, c'est-à-dire l'encre grasse d'imprimerie, et la surface calcaire qui, par suite de sa combinaison avec la gomme et l'acide formant un savon calcaire, repousse la matière grasse qui lui est antipathique.

Sur la pierre lithographique, l'encre s'attache ou ne s'attache pas, c'est le fait brutal. Il n'y a pas de gradation du plus au moins.

Si le dessin fait à l'encre ou au crayon est brûlé par un excès d'acide qui décompose en partie l'encre lithographique, la pierre ne perdra rien de son aptitude; elle repoussera l'encre du rouleau dans les parties vides du dessin, mais celles qui sont couvertes par l'encre affaiblie ne recevront du rouleau, si chargé qu'il soit de noir d'impression, qu'une couche légère, sans vigueur; malgré tous les efforts de l'ouvrier pour charger le trait, l'épreuve sera grise.

Voyons maintenant si nous sommes dans les mêmes conditions en imprimant sur gélatine. Évidemment non, et c'est par les explications qui suivent que le débutant saisira tous les secrets de l'impression phototypique et les règles à suivre pour préparer de bonnes planches et pour en corriger les défauts au cours de l'impression.

La couche de gélatine, insolée, mouillée et essuyée et qui n'a pas besoin de préparation préalable comme la pierre, prend l'encre sur toute sa surface ou la repousse. Il n'y a pas sur l'étendue de la plaque, malgré l'insolation, deux parties absolument distinctes : l'une préparée spécialement pour recevoir le corps gras et l'autre pour le repousser avec énergie. La surface imprimante est la même dans toute son étendue. Elle peut prendre l'encre ou la repousser sur le même point. Nous supposons naturellement dans la comparaison que les deux surfaces sont mouillées. A l'état sec, l'encre s'attacherait partout, et sur la pierre, et sur la gélatine. Mais le point qui établit la différence, c'est que la pierre mouillée et préparée repousse le corps gras, quelle que soit l'abondance du mouillage, tandis que, sur la gélatine, l'aptitude de la surface pour l'encre est en rapport avec le plus ou moins de mouillage.

Le mouillage sur la pierre agit régulièrement,

brutalement, la couche calcaire n'est pas susceptible de ramollissement. La gélatine au contraire peut être plus ou moins mouillée, plus ou moins ramollie, et la prise d'encre est en rapport avec le plus ou moins d'humidité de la couche.

Voilà en quelques mots toute la théorie de l'impression sur gélatine.

Tirons maintenant les conséquences de ce qui vient d'être exposé et voyons pourquoi l'impression sur métal nous donnera des épreuves de report supérieures à celles que nous tirerions sur glace.

Il y a deux méthodes d'impression sur gélatine. On emploie les planches molles ou les planches dures. Nous établissons cette distinction qui n'a pas été encore faite.

La couche molle n'est pas faite pour la glace. Elle manquerait d'adhérence sur le verre, et par l'insolation au recto et au verso, la mixtion perdrait ses qualités et se changerait en couche dure.

L'insolation au verso, quand la mixtion a la glace pour support, n'a pas pour but exclusif la solidité de la couche. Cette exposition est faite en grande partie pour atténuer les reliefs qui nuisent à la finesse des épreuves et qui rendent l'encrage difficile.

Nous verrons qu'on peut éviter le relief en n'insolant que d'un seul côté par suite de l'emploi d'une formule spéciale qui nous appartient, et qui, bien que non publiée, est en usage dans beaucoup d'ateliers en France et à l'étranger. Nous en avons établi la supériorité dans des démonstrations particulières.

Cette distinction entre les deux couches, couche molle et couche dure, s'applique exclusivement aux deux mixtions en dehors des modifications et des influences qui pourraient résulter du traitement postérieur à la couverture des surfaces.

Nous voulons dire que ces deux préparations soumises, avant de passer sous la presse, aux mêmes manipulations, à la même température, et insolées sur le même négatif pendant le même temps et à la même lumière, différeront essentiellement. La couche sur métal restera spongieuse et souple. La mixtion sur verre sera sèche et dure.

La différence sera sensible au tirage : la glace, il est vrai, donnera des épreuves correctes, modelées, mais grises.

Le cuivre fournira des épreuves équivalentes comme pureté de tirage, mais le dessin sera vigoureux, corsé et chargé d'encre.

Il y aura entre les deux productions la même différence qui fait distinguer au premier coup d'œil une gravure tirée sur la planche d'origine, qui se fait remarquer par la profondeur des noirs, et le rendement d'un report de la même planche sur pierre où les noirs sont plats et sans énergie.

Le fait n'est pas à prouver, il existe. Mais d'où vient cette différence de résultat?

La cause sera toute trouvée si nous examinons ce qui se passera au cours du tirage des deux couches en gélatine.

L'encrage ne se ressemble pas.

Une bonne épreuve sur la couche dure, quoique pouvant être obtenue régulièrement, est en quelque sorte le résultat de l'adresse du tireur.

Sur la couche molle, au contraire, l'encrage n'exige que le passage du rouleau, et cela doit être.

En effet, dans le premier cas, la gélatine, même après un séjour prolongé dans l'eau où elle doit être ramollie pour donner les blancs, garde une certaine dureté, et pour dégager les blancs le tireur est forcé d'imprimer une certaine légèreté au rouleau. Il enlève l'épaisseur d'encre nécessaire aux vigueurs.

Dans le second cas, la distribution de l'encre par le rouleau se fait plus aisément et plus régulièrement. La gélatine en général, quel que soit l'état de la planche, prend toujours assez d'encre après une insolation convenable. L'encrage n'est pas d'une exécution difficile, mais ce qui l'est davantage, c'est la distribution de l'encre proportionnellement aux grands noirs, aux demi-teintes et aux blancs purs. Si nous remarquons que la gélatine est apte après insolation à prendre l'encre même dans les blancs, on comprendra qu'il faut ou par adresse au tirage, ou par la composition de la couche, parer à cet inconvénient, qui n'existe pas sur la pierre lithographique où le noir d'impression prend ou ne prend pas, pourvu que la surface calcaire soit mouillée.

Avec la couche molle la difficulté est tournée. L'encre prend vigoureusement sur les noirs. Tous les efforts du rouleau ne sauraient l'en détacher. Qu'il soit passé légèrement ou vigoureusement, l'encre reste, mais elle est reprise avec une grande facilité dans les fonds et dans les demi-teintes. Il suffit donc, après un premier encrage brutal, de rouler légèrement pour dégager les blancs. Les lignes qui doivent garder toute leur vigueur ne sont pas déchargées. Il est assez difficile de bien saisir ces explications, si l'on n'a pas l'habitude du travail, mais l'opérateur se rendra aisément compte des faits dans l'application des formules.

Il nous reste encore un point à expliquer pour que le lecteur ait tout ses apaisements : « Pourquoi la gélatine garde-t-elle plus de porosité sur le cuivre que sur la glace? »

Cela tient d'abord, nous l'avons déjà dit, à l'emploi d'une gélatine spéciale, mais aussi à la méthode d'insolation.

La couche de gélatine sur glace, et il est bon de le répéter, est insolée sur ses deux faces. Il n'y a donc dans la couche que la section mediane où l'eau puisse être emmagasinée pendant son immersion dans les bains d'eau simple ou mélangée de glycérine et d'une solution d'azotate de potasse à 5 p. 100.

Ce liquide ne saurait pénétrer suffisamment ni la couche supérieure, ni la couche inférieure durcie par l'insolation. Le centre reste sec, et les parties avides d'eau que la lumière n'a pas touchées se maintiennent trop sèches, malgré le mouillage de la surface. Elles retiennent l'encre malgré le jeu du rouleau, et pour désencrer on est forcé d'attaquer la vigueur des noirs, c'est ce qui produit des reports maigres.

Sur le cuivre au contraire la couche particulière, dont la formule sera donnée en son temps et qui ne peut être insolée que d'un seul côté puisque le support est opaque, s'attache vigoureusement au métal grainé. Elle serait peu solide sur glace.

Il n'y a donc que la surface d'insoluble, et il reste toujours en dessous de la section imprimante une épaisseur de gélatine suffisante, capable d'absorber l'eau et pouvant fournir assez d'humidité aux parties peu insolées, c'est-à-dire aux parties qui donneront les blancs et les demi-teintes. L'encre, sur ces points, cédera pendant le désencrage à la moindre pression du rouleau, et l'on ne sera pas forcé de fatiguer la couche pour obtenir l'harmonie de l'épreuve. Les noirs garderont toute leur intensité.

On a conseillé quelquefois l'emploi des planches

de zinc et nous l'avons fait nous-mêmes dans notre *Traité de Phototypie*. Nous avons constaté depuis que ce métal est insuffisant.

Il se pique avec une grande facilité. Il est rare, pour ne pas dire impossible, de trouver du zinc pur exempt de ce défaut. Les planeurs n'osent pas le garantir. Ces piqûres invisibles, qui échappent à l'examen et qui ne sont pas apparentes, même sur une surface polie, ne se montrent qu'après la préparation de la couche et au moment où la planche est prête pour le tirage. Un second grainage ne ferait pas disparaître ces défauts qui sont dûs à l'impureté du métal. Ces piqûres réagissent sur la couche de gélatine, et par suite sur les épreuves.

Ce fait est regrettable, car ce métal ne se déforme pas en passant à l'étuve; mais il offre un avantage, il communique cette propriété au cuivre rouge par alliage.

Les deux métaux unis par la fusion contractent une dureté qu'ils n'ont pas séparément. Le cuivre jaune résultant fournit d'excellentes plaques qui remplissent toutes les conditions exigées pour le tirage sur gélatine. Et comme il est bon de tout expliquer aux opérateurs, ils sauront pourquoi ce métal défectueux est employé en zincographie, aucun autre métal ne pourrait le remplacer dans cette application.

Le zinc a comme la pierre lithographique la

propriété de repousser l'encre quand il est soumis à un traitement dont il sera question dans un autre chapitre.

Nous ajouterons que si le zinc se pique moins, employé en zincographie, c'est qu'il n'est pas traité de la même manière et que ce défaut n'a pas la même importance dans ce dernier procédé. Dans la gravure sur zinc en relief et en zincographie simple, le métal sert comme couche imprimante, tandis qu'en phototypie ce métal ne serait qu'un support, qu'un accessoire.

La couche utile est la gélatine; on est forcé pour préparer et étendre la mixtion sur le zinc de recourir à l'eau et à la chaleur qui sont précisément les causes indirectes des piqûres.

Nous choisirons pour les reports des planches de cuivre jaune de 2mm 5 ou des feuilles de plomb épaisses de 4mm à 5mm. C'est le planeur qui les fournira dressées, planées et polies. On pourrait demander des planches grainées, mais il faut savoir grainer une planche, pour démontrer pratiquement comment on modifie une surface polie aux ouvriers à qui cette opération sera confiée.

On pourrait se contenter d'un grain irrégulier en rayant superficiellement le métal à la paille de fer et au grès mouillé. Ces rayures en tous sens et circulaires, s'enchevêtrant et se croisant en cercles de tous rayons, seraient sur la planche des points d'attache suffisants pour la gélatine. Ce grainage irrégulier ne nuirait pas dans le tirage des demi-teintes et les épreuves n'en seraient pas plus mauvaises. Ce grain incomplet ou plutôt cet état dépoli de surface n'est pas ce qui vaut le mieux pour donner de belles épreuves de report.

Un grain léger, fin et régulier est à tous les points de vue préférable.

On se servira d'une molette en cristal de moyenne grandeur et de sable qui doit être préalablement séché et passé au tamis n° 50, si l'on graine des planches de cuivre rouge.

On remplacera le sable par l'émeri pour attaquer le cuivre jaune qui est beaucoup plus dur. Cette opération ennuyeuse et fatigante serait plus facile sous une machine spéciale pareille à celle qui est en usage pour donner le grain à la pierre lithographique. Mais nous restons dans la supposition où ce travail serait fait à la main.

Comme l'opération est la même sur le cuivre jaune et sur le cuivre rouge et que les planches en alliage sont supérieures, nous ne parlerons que du cuivre jaune.

Si les planches livrées par le fabricant étaient aussi planes que la glace, l'opération, malgré la dureté du métal, ne se prolongerait pas au delà d'un quart d'heure; mais quelle que soit l'habileté du planeur, la surface métallique manque toujours de précision. Il n'est pas aisé d'atteindre les dépressions sans user les parties surélevées.

On peut comparer le cuivre plané à une feuille de verre. Sur la surface à l'état brillant, les dépressions ne sont pas sensibles à l'œil. On suppose que quelques minutes d'usure au grès donneront un dépoli régulier. Mais après un travail prolongé, quand on lave le verre, on s'aperçoit, quand il est sec, que le dépolissage commence à peine. Les hauteurs seules ont été atteintes et les fonds restent brillants.

Le mécompte est pareil dans le grainage des planches. Il faut en prendre son parti et continuer l'opération jusqu'au moment où toute la surface de la planche offre à l'œil un aspect mât, terreux, dépourvu de tout éclât métallique.

Ce n'est jamais que le premier grainage qui est long. A la reprise de la planche, quand elle a déjà servi, on avive le grain en quelques tours de molette.

On prend soin de la surface sans la malmener pour la débarrasser de la gélatine qui a servi.

On n'arrive pas à former un grain régulier sans quelques soins qui pourront paraître minutieux, mais avec lesquels il faut compter.

La planche ne peut être traitée convenablement que posée d'aplomb et supportée dans toute sa longueur sur un support rigide et bien dressé.

On placera en-dessous une cuve. L'ouvrier aura sous la main au-dessus de la planche un robinet d'eau qu'il pourra ouvrir et fermer suivant les besoins.

Il faut absolument un vide au-dessous de la planche. Cette disposition permettra à l'eau d'entraîner l'émeri usé ou le sable et tous les corps durs étrangers au grainage qui pourraient tomber sur le métal.

Les grains de sable ou d'émeri qui n'auraient pas été écrasés au début et qui reviendraient accidentellement sous la molette au milieu de l'opération, suffiraient à eux seuls pour porter une atteinte grave à la régularité de cette opération.

Quand on renouvelle l'émeri usé, que l'on peut remplacer par du sable fin tamisé, la planche de cuivre, les supports, et tout ce qui en approche doivent être épongés et lavés à grande eau. Le travail est à reprendre aussi longtemps que la surface garde quelques traces brillantes.

Le grain peut être plus ou moins fin, suivant l'usure de l'émeri. Mais l'excès de finesse n'est jamais un défaut dans le grainage du cuivre. Il y a d'autres règles à suivre pour la pierre. Nous aurons occasion d'en parler.

Nous avons dit qu'il fallait se servir d'une molette en verre, de grandeur moyenne. Le diamètre de la molette ne doit pas dépasser $0^m,05$. L'émeri et le sable se comportent mieux quand le cercle de pression est restreint, et on atteint les fonds, même dans le cas où l'on ne pourrait pas mettre à niveau par un premier grainage les parties surélevées.

Le grain n'est bon et régulier que s'il est produit par la pression vigoureuse de la molette tenue à deux mains et roulant sur place sans trop étendre son cercle d'action.

Si la surface de la molette est trop grande, la pression exercée devient trop faible et le grainage n'avance pas.

L'attraction qui se produit sur la fin de l'opération, entre le métal et le verre, s'accroît à mesure que l'émeri transformé en boue ne laisse plus l'air circuler entre les deux surfaces.

Une molette trop grande se déplace difficilement quand on en arrive à ce point. Elle est sujette aux écarts.

La pression exercée la fait, malgré l'attention de l'opérateur, glisser à droite ou à gauche, et cet écart brusque et imprévu de l'arête tranchante du verre forme des lignes brillantes, souvent assez profondes, qui déparent le grain et qui nuisent à la régularité du travail.

Le grainage terminé, la planche est lavée à eau. On l'essuie immédiatement pour arrêter l'oxydation. Elle est placée en été en plein soleil et en hiver près du feu.

On ne négligera pas, quand le grain a été essuyé au chiffon, et pendant que la surface à peine humide garde encore quelque apparence de moiteur, de passer la paume de la main en pressant. On réitère cette manœuvre sur toute la surface grainée. C'est le seul moyen de débarrasser le cuivre des impuretés invisibles à l'œil, mais très nuisibles au résultat final, qui sont restées dans les interstices du grain, malgré les lavages et l'action de la brosse en crin que l'on a passée sur le métal avant de terminer le lavage.

La planche est alors prête à recevoir la gélatine.

Avant d'indiquer les formules et la méthode à suivre pour étendre la mixtion, il importe de connaître comment on traite la planche après l'impression, et comment on détruit la gélatine qui la recouvre et qui doit céder la place à une autre couche.

Comme nous l'avons déjà dit, le métal, dans ce genre d'impression, n'est qu'un support. La valeur du dessin n'est pas sur la planche, mais dans le négatif, et la couche peut être détruite sans regret, quand le tirage du dessin est terminé.

Soins à donner au grain. — Nous avons indiqué en parlant de la pièce obscure, d'un mélange d'eau et d'acide sulfurique. En voici la formule et l'emploi :

Eau.	3[lit]
Acide sulfurique	1

On verse le liquide dans une cuvette en gutta-percha, et les planches à nettoyer sont immergées dans la cuvette. Mais il faut auparavant les nettoyer avec un chiffon trempé dans l'essence de térébenthine et enlever l'encre qui couvre la couche de gélatine qui opposerait une résistance à l'action corrosive de l'acide.

La couche de gélatine est décomposée en quelques minutes. Après un lavage à l'eau, le métal est frictionné avec une brosse en chiendent. La gélatine se détache en gelée. Il en reste encore des traces sensibles dans les creux formés par le grain. On les fait disparaître dans l'eau chaude.

Nous conseillons cependant de nettoyer le grain à fond par un supplément de grainage pendant un certain temps sur les planches neuves. La surface y gagne en régularité. On se sert d'émeri à grain fin en seconde reprise, et on lave à l'eau.

Les planches, si la préparation n'est pas faite immédiatement, seront toujours essuyées et séchées. Si la gélatine sèche sur les planches, l'action de l'acide est plus lente. Ce n'est qu'après plusieurs heures que le nettoyage devient possible.

On peut remplacer l'acide par la potasse, qui est un dissolvant de la gélatine et préparer le bain suivant :

Eau	3lit
Potasse d'Amérique.	500gr

Mais l'acide vaut mieux. Le métal ne court

aucun danger. L'acide sulfurique à froid n'attaque pas le cuivre, même le cuivre jaune, d'une manière sensible.

La potasse laisse, malgré le lavage, des traces rougeâtres qui sont produites par le contact des mains et des chiffons. Ces taches visibles à travers la couche de gélatine gênent pendant l'encrage et ne permettent pas de juger de la valeur de l'épreuve sur les parties oxydées. Il peut aussi se produire des soulèvements.

Couverture des planches grainées. Colle de peau. — On préparera comme il suit la mixtion sensible à la colle de peau :

(La quantité de solution d'alcool saturé de borax n'est pas absolue. La dose est augmentée ou diminuée, suivant l'état de la colle).

Nous reviendrons sur ce détail qui n'est pas sans importance.

FORMULE.

Eau	100cc
Gélatine	12gr

Après la dissolution de la gélatine, au bain-marie de préférence, on ajoutera :

Colle de peau	100gr
Bichromate d'ammoniaque	6
Solution de borax dans l'alcool	6 gouttes.

On aura dans le laboratoire un flacon à large ouverture, d'une contenance de 250gr. Ce flacon, rempli aux trois quarts d'alcool, recevra 50gr de borax fondu.

Nous recommandons cette formule à l'exclusion de toute autre dans le tirage sur planche de cuivre.

Elle n'a été communiquée jusqu'à présent qu'aux personnes qui ont manipulé dans notre laboratoire. Nous ne l'avons appliquée nous-mêmes que quelques années après la publication du *Traité de Phototypie.*

On croirait difficilement qu'un mélange de colle de peau et de gélatine puisse modifier du tout au tout un procédé.

On reconnaîtra après quelques essais que notre affirmation est exacte, et que la phototypie devient facile et essentiellement pratique, si on substitue aux formules qui ont été données la formule où la colle de peau entre en combinaison avec la gélatine ordinaire.

Nous expliquerons brièvement la cause de la supériorité de la colle dans le tirage sur gélatine, mais nous dirons avant quelques mots sur ce nouveau produit dont nous sollicitons l'adoption.

La colle de peau, qui est pour ainsi dire sans valeur, est vendue par tous les marchands de couleurs.

Nous ajouterons, pour éviter toute confusion

avec un produit similaire, que la colle dont nous parlons porte dans le commerce le nom de colle double.

On peut préparer soi-même cette gélatine en faisant dissoudre par une ébullition prolongée les peaux de lapins rasées et sans poils.

Nous reviendrons, au besoin, sur la préparation de cette gélatine spéciale.

Si ce livre ne devait être lu qu'en France, nous supprimerions volontiers ces détails peu intéressants en eux-mêmes; mais, par les explications qui vont suivre, on comprendra que tout doit être dit dans un Traité essentiellement pratique, qui n'est écrit que pour propager une industrie dont on n'apprécie pas assez la valeur et l'importance.

Dans les applications récentes, peu connues et qui restent stationnaires, une simple indication peut donner l'élan. Une formule, qui paraît banale et sans importance, supprime dès son apparition toutes les difficultés et simplifie du tout au tout une des plus importantes applications de la photographie. C'est le cas précis à l'endroit de la colle double.

Il faut donc insister et fatiguer le lecteur pour le forcer à essayer, si l'on suppose qu'on pourra par quelques efforts de plume, même désagréables à lire, relever et mettre en bonne voie un procédé qui est considéré comme boiteux et sans avenir.

Nous sommes persuadé qu'un dernier coup de

collier est nécessaire pour atteindre la grande voie.

En France, la fabrication de la colle de peau est de fabrication courante, surtout à Paris et dans les grandes villes où les travaux intérieurs de peinture et d'ornements sont fréquents, presque sans arrêt. Le produit est plus rare en province. On n'en trouve pas à l'étranger. Nos expéditions et notre correspondance en sont la preuve.

Il est impossible de faire parvenir la colle de peau à destination. La gelée ne se conserve pas : elle se décompose en été après trois ou quatre jours.

Les fabricants sont forcés, pendant les chaleurs, de mélanger au produit en cours de préparation des matières antiseptiques qui sont presque toujours du chlorure de zinc, et, ce qui est pire, de l'alun. Cette addition n'a rien de nuisible pour l'exécution des travaux ordinaires dont les exigences ont donné jour à cette fabrication.

Mais il serait à souhaiter qu'il en fût autrement quand la colle de peau est employée en phototypie.

Ces produits hétérogènes communiquent à la gelée certaines propriétés qui sont en opposition avec les qualités qui nous ont fait adopter la colle de peau comme un auxiliaire sans précédent.

En effet, si le produit est d'une conservation plus facile, elle manque d'autre part de souplesse. La couche qui en résulte durcit trop au séchage et perd une partie de sa porosité.

Nous verrons bientôt que l'on peut pallier ce défaut.

Nous ajoutons quelques lignes pour expliquer ce qui a été dit plus haut, c'est-à-dire que le mélange d'une substance à une autre peut bouleverser une méthode, la transformer et lui donner une valeur qu'elle n'avait pas comme avant la modification indiquée.

Le gélatinobromure en est une preuve récente et complète.

Il n'y avait pas d'instantanéité avant l'emploi de la gélatine bromurée. L'instantanéité n'était qu'une exception heureuse et accidentelle. L'exception est devenue depuis la règle générale.

Nous insistons, car écrire c'est vouloir convaincre, et nous avons la certitude que le procédé d'impression dont nous nous occupons, sera complètement transformé par l'emploi du produit nouveau et par la suppression partielle de la gélatine ordinaire.

Nous affirmons, par suite d'une longue expérience, par la comparaison de toutes les formules et par l'observation de la surprise des manipulateurs, préalablement découragés, à qui nous démontrons le procédé actuel, que la phototypie aura beaucoup plus d'adeptes à partir de la publication de ces notes complémentaires.

Sans modifications apparentes le procédé n'a plus rien d'aride ni d'incertain. Préparée avec les soins indiqués, toute planche donne, sans fatigue et régulièrement, des épreuves de même valeur et d'une finesse exquise.

La couche est si souple et si bien disposée à recevoir l'encre et à la rendre au papier, que l'impression peut se faire à l'aide d'une simple presse à copier. C'est l'industriel connu sous le nom de coupeur de peau qui prépare et qui vend la matière première qui composera par moitié notre mixtion sensible.

Les peaux, débarrassées de leurs poils, sont divisées en lames fines par une machine spéciale.

Le produit préparé et sec se présente sous l'aspect d'un crin blanc grisâtre. Il sert dans plusieurs industries.

Il peut être, dans cet état, expédié à l'étranger sans danger de décomposition.

Pour l'employer en phototypie, on réduira en gelée la partie soluble par une ébullition prolongée.

La colle résultante ne sera bonne pour l'emploi qu'autant qu'elle restera élastique et résistante à l'attaque du doigt. Nous regrettons que le temps ne nous ait pas permis d'essayer ce produit dans la préparation des émulsions. Nous pensons que cette substance molle et souple donnerait de bonnes plaques, et nous engageons les préparateurs à en faire l'essai.

La couche sensible destinée à l'impression sera manipulée comme il suit :

1° On fera dissoudre les 12gr de gélatine dans les 100cc d'eau ordinaire.

2° Les 100gr de colle de peau seront ajoutés après la dissolution de la gélatine. On aura le soin de diviser le produit avant de le porter dans le bain-marie.

3° Le bichromate d'ammoniaque (6gr) n'est incorporé qu'après le mélange intime de la gélatine et de la colle.

4° Après l'addition du sel de chrôme, la mixtion doit être retirée du feu aussitôt que le bichromate est dissous. Elle est filtrée sur un carré de flanelle.

5° La dose d'alcool saturé de borax à ajouter à la mixtion ne saurait être indiquée avec précision, pas plus que le temps d'insolation. Elle est relative. C'est par l'habitude du travail et par une série de préparations que le dosage peut être fixé.

Si l'on se rend compte du rôle du borax, la solution du problème ne sera pas difficile.

Nous admettons en principe, ce qui est exact, que la couche de colle et de gélatine peut à la rigueur, et même régulièrement, donner de bonnes épreuves sans le secours du borax. Mais il est certain aussi que la mixtion boracée a beaucoup plus d'affinité pour le corps gras.

Il court dans les ateliers du lithographe une

expression singulière et imagée qui expliquera clairement notre pensée.

On dit d'un rouleau qui est dans les meilleures conditions de souplesse, de grain, de finesse, qu'il a de l'*amour*.

Cette expression signifie que le cuir est non seulement préparé à point pour retenir l'encre que l'effort de l'ouvrier le force à prendre sur la table à encrer, mais encore qu'il peut rendre à la pierre le noir d'impression avec la même facilité.

Tout le talent de l'imprimeur sur gélatine repose sur la connaissance exacte qu'il a des aptitudes de la couche, et, pour nous servir d'une expression de chasse, car la comparaison facilite l'intelligence des choses, nous dirons que l'imprimeur sur pierre tire toujours à découvert, tandis que sur gélatine l'ouvrier ne peut guider son rouleau qu'au jugé.

C'est le sentiment en quelque sorte développé par l'habitude qui donne la sûreté du coup-d'œil et qui fait apprécier les aptitudes de la couche.

Le borax n'intervient donc dans la préparation de la couche que pour rendre la gélatine plus apte à prendre l'encre, tout en lui communiquant par contre-coup plus de résistance et plus de solidité.

L'alun ordinaire et l'alun de chrôme ne donneraient pas les mêmes résultats. Une insolation un peu exagérée pourrait suppléer à l'alun, qui rend la gélatine plus dure, c'est-à-dire, moins pénétrable à l'eau. L'alun, en un mot, tanne la gélatine, peut suppléer à l'insuffisance d'insolation; mais il produit ce résultat au détriment des blancs de l'épreuve et en détruisant l'harmonie de l'ensemble.

Le borax, et nous avons fait des études minutieuses à cet égard, joue, pourrions-nous dire, un rôle plus intelligent.

Il peut, sur une couche qui n'a pas reçu d'insolation suffisante, communiquer à la gélatine trop molle la propriété de prendre l'encre.

S'il y avait simplement durcissement de la couche imprimante, l'encre s'attacherait, il est vrai, à la gélatine, mais cette encre déposée aurait plus d'affinité pour la couche que pour le papier, et les épreuves tirées seraient grises.

Le borax, quoique agissant dans une certaine mesure, comme l'alun, n'a pas la même action sur la gélatine.

Il resserre les tissus assez pour donner les finesses sans flou, mais il communique en même temps à la couche une aptitude prononcée qui lui permet de prendre le corps gras et de le rendre sans réserve au papier.

On remarquera, en effet, et les résultats élucideront mieux les faits que la discussion, que les épreuves données par la nouvelle couche auront des vigueurs exceptionnelles, fort supérieures à celles qu'on obtient sur la gélatine ordinaire, sans mélange. On verra en même temps que les demi-teintes, les moins accusées et qui échappent sur la couche encrée à l'œil exercé de l'imprimeur, se trouveront reproduites sans perte sur l'épreuve.

Aussi, considérons-nous comme une erreur préjudiciable au procédé, quelle que soit la formule adoptée, l'emploi de l'alun en combinaison ou en mouillage. Il faut remplacer l'alun par le borax.

L'expérience suivante éclairera les opérateurs sur la propriété des sels d'alun ou de borax. Elle est simple, concluante et d'une exécution prompte et rapide.

On couvre de gélatine bichromatée une feuille de papier de bonne épaisseur, et l'on insole sous un négatif, après séchage. La couche est ensuite encrée au rouleau. Si, par excès d'humidité, la feuille ne prend pas l'encre, on immerge la moitié du papier dans un bain d'alun et l'autre dans un bain de borax. Les deux solutions doivent être de 2 à 3 pour 100.

On remarque alors, qu'après le passage de l'éponge, qui enlève l'excès d'humidité, l'encre s'attache sur les deux moitiés de la feuille : mais la partie touchée par l'alun prend une teinte générale grise. Le dessin reste sans lumière. L'autre moitié, au contraire, se couvre d'un noir vigoureux, et les demi-teintes et les blancs conservent leur valeur.

Préparation des planches. Cuisson. — Nous passerons rapidement sur ces opérations qui ont été décrites avec les détails utiles dans le traité de Phototypie. Nous n'insisterons que sur les points qui réclament toute l'attention de l'opérateur.

Les cuivres sont couverts à la main sans l'emploi des supports à vis calantes. On les soutient par un angle, comme une glace qui doit être collodionnée. La gélatine en excès n'est pas reprise dans la capsule à mixtion. Si l'on se sert de planches en plomb, il sera bon de leur donner une glace pour support.

Il faut attendre, pour verser la préparation sur les cuivres grainés, que les bulles produites par l'opération du filtrage aient remonté à la surface du liquide. Elles sont doucement repoussées vers les bords de la capsule à l'aide d'un papier fort qui est promené à la surface de la mixtion.

Il est inutile de surcharger les plaques en versant trop de gélatine. Il en faut peu pour préparer un cuivre, et il est utile de se souvenir que la couche imprimante doit être mince, si l'on vise aux finesses.

C'est à $0^m,05$ ou $0^m,06$ dans le haut de la plaque, c'est-à-dire sur la partie opposée à la main qui soutient le cuivre, qu'on laisse tomber, en rapprochant le plus possible la capsule du métal, la quantité de gélatine qu'on suppose suffisante pour couvrir la superficie de la plaque. On repousse la gélatine avec le doigt pour l'étendre vers le haut du métal et l'on incline la plaque. On guide alors la mixtion en promenant le doigt de droite à gauche, et réciproquement, pour faciliter le mouvement de descente.

L'excès de gélatine abandonne la surface de la planche, qui reste cependant suffisamment chargée si l'on a le soin d'incliner légèrement le métal. Ce mouvement doit être lent et peu prononcé.

Chaque planche couverte est déposée sur une table mise d'aplomb pour laisser à la gélatine le temps de faire prise.

La lumière n'a presque pas d'influence sur les couches humides. Il n'y a donc pas, comme il a été dit, à se préoccuper de l'éclairage au cours de la préparation.

Si l'on n'a pas de pièce obscure pour travailler à la lumière jaune, on opérera de préférence en plein jour plutôt qu'en demi-lumière. Il est essentiel d'y voir clair pour avoir de belles surfaces.

Les plaques sont reprises après 5^m ou 6^m de repos, et l'on remarque que la couche, qui est alors figée, n'est pas régulière.

Des bulles qui n'avaient pas été remarquées se sont produites après coup; des dépressions de forme circulaire se montrent sur toute l'étendue de la couche. Ces accidents sont inévitables, puisque les irrégularités que nous signalons n'ont pas pour cause la négligence du préparateur. Elles ne se forment qu'au moment où la gélatine se prend en gelée. Aussi ne faut-il pas s'en préoccuper; car il est facile de rendre les couches unies; et ces imperfections, une fois disparues, ne reparaîtront plus.

On reprend les plaques une à une et on les chauffe, la gélatine en dessus, sur la flamme d'une lampe à alcool ou à pétrole ou sur un bec de gaz.

Il ne faut pas beaucoup de chaleur, le point est à noter. On arrête aussitôt que la gélatine est redissoute et que la surface de la planche paraît unie.

Le cuivre trop chauffé se couvrirait de nouvelles bulles. Il ne serait plus possible de les faire disparaître.

On chauffe donc légèrement mais régulièrement, et l'on profite de l'état de la gélatine, qui est redevenue liquide, pour crever les bulles sur place à l'aide d'un bout de bois quelconque bien effilé. On a le soin, en même temps, de ramener la mixtion dans le vide laissé par la bulle d'air et l'on purge la couche de tous les corps étrangers qui peuvent s'y trouver accidentellement. Il suffit d'appuyer la pointe en bois sur la gélatine fluide et d'imprimer un mouvement brusque pour chasser les grains de poussière en dehors de la planche.

Si l'on négligeait cette dernière opération, c'est-à-dire si la gélatine n'était pas redissoute sur la planche de cuivre, les planches sortiraient irrégulières de l'étuve et elles seraient, à de rares exceptions près, impropres au tirage.

Bien que placées sur un appui de niveau, pendant que la mixtion se prend en gelée, la gélatine se porte presque toujours, avant d'être figée, tantôt sur un bord, tantôt sur l'autre de la planche où elle forme bourrelet. Le défaut de planimétrie des plaques est la cause de cet accident.

On a le soin, après ce second chauffage et pendant que la couche est fluide, de chasser cet excédent avec le doigt, sans incliner le cuivre, qui doit rester couvert et ne rien perdre de ce qu'il a pris.

Les plaques sont alors portées dans l'étuve où elles passeront trois heures exposées d'aplomb à une température de 38° à 40°. La chaleur est réglée par un thermomètre qu'on introduit par moitié dans l'appareil par une ouverture proportionnée à la grosseur du tube.

La forme et les dimensions de l'étuve importent peu, mais nous répétons que le foyer doit être extérieur et que la flamme s'élevant directement dans l'étuve sans être arrêtée par un fond de tôle nuirait au résultat.

Encrage et Report. — La colle de peau donne une couche molle. Chauffée au degré réglementaire et retirée de l'étuve au bout de trois heures, la gélatine redeviendra souple dès qu'on la plongera dans l'eau.

Mais il faut opérer à temps et suivre certaines règles.

Les planches ne gardent pas longtemps toutes leurs propriétés, si on ne les soumet pas à un traitement, (reconnu nécessaire,) le jour même, si faire se peut, ou le lendemain de la préparation.

Après trois ou quatre jours, la couche, sous l'influence du bichromate d'ammoniaque, qui n'a pas été éliminé par le lavage, devient dure. Ce n'est qu'après un travail fatigant qu'on arrive à la mettre en état de tirer.

Nous conseillons, si l'on veut rendre le travail facile et même attrayant d'insoler les planches le jour même et de les dégorger immédiatement dans l'eau pour enlever le bichromate de la couche; puis, après un premier encrage, de les laisser deux ou trois heures dans une cuvette pleine d'eau qui n'a pas besoin d'être changée.

Après ce temps de repos, on enlève l'encre à la presse en tirant une épreuve, ou encore à l'essence de térébenthine et dans ce dernier cas on repasse la planche à l'eau. Un simple lavage est suffisant. Traitée comme il vient d'être dit, la couche n'est plus sujette à s'altérer et le tirage peut être remis à un mois. Nous verrons tout à l'heure ce qui reste à faire quand on reprend une planche sèche pour la disposer à prendre l'encre.

Ces indications compléteront ce que nous avons écrit dans un premier travail. Mais quoique longs ces préliminaires sont nécessaires pour arriver au report sur pierre et sur zinc, qui sont, surtout, les deux applications que nous avons en vue. Le graveur chimique tirera un grand parti des reports de Phototypie sur zinc, car le procédé au bitume, en hiver, laisse beaucoup à désirer sous le rapport du temps de pose.

Le bitume exige trois ou quatre jours d'insolation si la lumière manque, quand on n'a pas un bec électrique à sa disposition. Il faut compléter le procédé par une méthode sûre, qui permette d'opérer en toute saison.

Les épreuves de traits qu'on obtient sur gélatine malgré l'insuffisance de la lumière, ont la même finesse que celles qui sont développées directement sur le zinc et l'opérateur n'est pas exposé aux insuccès.

Si une première insolation ne donne pas une bonne épreuve de report, une seconde planche exposée pendant une demi-heure dans les jours les plus sombres permettra de livrer les commandes.

Il faut, avons-nous dit, mettre au jour aussitôt que les planches sont sèches, afin d'éviter le durcissement de la couche.

Cette règle doit être suivie dans le tirage du trait et de la demi-teinte.

On verra combien le tirage est rendu facile par l'adoption de notre nouvelle formule, si l'on traite la couche comme nous allons le dire, et nous recommandons de suivre ponctuellement le traitement que nous indiquons, sans s'en écarter. Au sortir du châssis, après un temps d'insolation dont la durée peut varier entre un quart d'heure et une demi-heure à l'ombre, suivant la lumière, la planche de cuivre est plongée, la couche en dessus, dans une cuvette d'eau fraîche, pendant quinze ou vingt secondes, plus ou moins.

On passe ensuite sur la surface de la gélatine une éponge imbibée d'eau presque bouillante. Ce lavage superficiel, qui sera encore nécessaire au cours du tirage, sera répété trois ou quatre fois sans temps d'arrêt, avant l'encrage. Ce détail, qui peut paraître insignifiant, a une grande importance, le tirage en dépend, et c'est par ce moyen qu'on obtiendra immédiatement sur une planche intacte et qui n'a pas encore tiré, des épreuves où les noirs et les blancs auront leurs valeurs. La première épreuve est souvent parfaite.

La couche, qui n'a pas encore dégorgé le bichromate d'ammoniaque non réduit, communique aux cinq ou six premières épreuves une teinte jaune; mais cette coloration n'est pas nuisible au report, et si ces épreuves doivent compter dans le tirage quand il ne s'agit pas de report, le bichromate disparaîtra par une simple immersion du papier dans l'eau. Sans l'emploi de l'eau chaude, la couche ne donnerait au début et même pendant un certain temps, que des épreuves grises, plates et sans vigueur. L'encre qui s'attacherait sur la planche aurait trop d'affinité pour la couche. Il n'y aurait pas d'impression possible.

On se verrait contraint d'employer l'essence de térébenthine pour enlever le noir, qui ne s'attacherait pas au papier et qui resterait sur la couche.

L'eau chaude, employée en lavage superficiel et sans durée, est un traitement rationnel, et nous verrons pourquoi; mais on dépasserait le but si le cuivre était immergé dans l'eau chaude.

Les quelques explications qui suivent donneront à l'opérateur l'idée exacte du tirage sur gélatine. Il saisira mieux ce qui vient d'être dit.

Les épreuves de demi-teintes manqueraient de finesse et le dessin au trait serait empâté, si la couche de gélatine accusait un relief prononcé.

C'est précisément pour éviter ce relief, qui est une conséquence forcée du procédé, ou du moins pour l'atténuer, que nous avons adopté la colle de peau, moins sujette après dessiccation à se gonfler tout en prenant l'eau.

On sait que les parties en relief du dessin formé par la lumière sur une couche de gélatine, sont précisément celles qui n'ont aucune sympathie pour l'encre, puisque le corps gras, c'est-à-dire l'encre d'impression, n'adhère pas sur une surface humide.

Si donc il y a gonflement sur certaines parties de la couche, le rouleau n'atteindra pas les fonds, qui sont les parties sèches susceptibles de prendre l'encre. Or, ces parties constituent le dessin. L'encrage sera difficile, presque impossible, mais à coup sûr imparfait.

Une planche qui, après l'exposition, séjournerait longtemps dans l'eau fraîche, sans traitement préalable, serait pénétrée par l'eau dans toute l'épaisseur de la couche et les reliefs se produiraient. Aussi avons-nous conseillé de ne laisser la planche dans l'eau que pendant dix ou vingt secondes.

La couche à la colle, fraîchement préparée, est très spongieuse. Cette courte immersion sera suffisante pour ramollir la surface de la gélatine, qui est la partie utile au tirage.

Mais ce mouillage superficiel n'est pas encore suffisant pour nous permettre d'imprimer. L'eau fraîche a ramolli la surface sans pénétrer la couche, et si nous sommes en voie d'arriver, le but n'est pas cependant encore atteint. Par suite d'un séjour de quelques secondes dans l'eau, les parties mouillées manquent encore de souplesse; elles sont restées trop sèches et partant trop dures. L'encre s'attacherait sur toute la planche sans respecter le dessin.

On ne peut pas cependant laisser la gélatine plus longtemps dans l'eau, si l'on veut éviter la formation du relief. Il faut toutefois un moyen qui permette d'assouplir la surface imprimante sans atteindre le fond, car, dans ce cas, la solidité de la couche serait compromise.

Ce moyen nous est fourni par l'eau chaude, presque bouillante, qui, passée à l'éponge sur la planche, redissout sans profondeur la surface touchée et lui rend toute l'humidité que la gélatine est susceptible de prendre.

On remarquera que ce ramollissement complet, qu'il nous est absolument nécessaire d'atteindre, n'est que superficiel. La couche qui conserve toute sa rigidité dans la partie qui touche au cuivre, reste capable de supporter l'attaque du rouleau sans être entamée.

L'emploi de l'eau chaude est nécessaire et de plus logique à un autre point de vue. Il est même quelquefois utile d'en user largement.

La couche de gélatine au sortir de l'étuve, surtout si la chaleur a été trop poussée, paraît couverte d'aspérités.

Si la température n'a pas excédé le degré indiqué, ce défaut est moins sensible; mais, dans ce cas encore, la couche manque de glacé.

La poussière de l'étuve, quels que soient les soins prodigués aux planches, s'est précipitée en nuage léger sur les couches, où elle a déposé un voile peu sensible à l'œil. Ce voile existe cependant. Il faut donc encore avoir recours à l'eau chaude pour purger les surfaces. Ces aspérités et ces poussières, nuisibles au moment de l'encrage, sont enlevées par l'eau chaude qui, dissolvant la gélatine, les entraîne sous la pression de l'éponge.

Il est utile d'ailleurs, sans abuser du moyen, d'attaquer légèrement la surface de la couche, qui peut quelquefois (cet accident se produit) être durcie superficiellement par la lumière, soit pendant la préparation des planches, soit avant la mise au châssis. Le voile général qui résulterait d'un coup de lumière accidentel ne résisterait pas à l'attaque de l'eau chaude.

Il peut arriver encore que le voile soit le résultat de l'emploi d'un négatif imparfait. Si les demi-teintes n'ont pas la dégradation voulue, la lumière voile les blancs, et, par l'eau chaude, on pallie encore ce défaut.

Mais c'est surtout dans l'insolation des négatifs de traits que ce traitement joue un rôle important.

Si le cliché a un fond noir absolument impénétrable à la lumière, l'eau chaude est quand même utile; mais elle est d'une nécessité absolue avec des négatifs qui ne seraient pas suffisamment renforcés et qui donneraient plus ou moins, dans toute l'étendue de leur surface, un libre passage à la lumière.

Les épreuves de ces clichés, tirées au sel d'argent

ou de platine, sont grises, le trait plus marqué et noyé dans une demi-teinte générale.

On n'éviterait pas ce défaut, c'est-à-dire la teinte grise qui dépare l'épreuve en diminuant le temps d'insolation ; car la gélatine réclame une exposition suffisante pour se prêter à l'impression. Si cette règle n'est pas observée, il n'y pas de tirage possible.

Il est nécessaire que la lumière morde la couche jusqu'à une certaine profondeur pour insolubiliser la surface. En dehors de cette condition, la gélatine ne contracterait qu'à moitié la propriété de retenir l'encre. Elle ne rendrait au papier que des teintes grises.

Si donc on réduit le temps d'insolation plus que de mesure, les épreuves seront sans vigueur au tirage.

Il y a moyen cependant de faire rendre aux clichés gris (nous parlons du trait) un tirage convenable. On exagère la durée de l'insolation, on prépare ensuite à l'eau chaude, et on laisse reposer la planche.

C'est au moment de la reprendre pour imprimer, que le traitement à l'eau chaude différera. Nous y reviendrons en temps utile.

Les lavages à l'eau chaude ont surtout la propriété de forcer la couche à donner des blancs, au début de l'impression et même dès la première épreuve.

Nous nous appesantissons avec intention sur ces détails. Si l'opérateur se rend un compte bien exact des faits et s'il comprend la raison qui ne permet pas à une couche de donner des épreuves égales pendant toute la durée du travail, l'appréciation de l'état de la surface basée sur la connaissance approfondie de la nature de la gélatine, lui donnera, suivant le cas, la marche à suivre. Il saura comment il doit modifier le traitement pour être en mesure de maîtriser les caprices apparents de la couche. A dire vrai, il n'y a jamais caprice, ni arrêt imprévu dans le tirage. La gélatine bien dirigée et traitée en connaissance de cause n'est pas plus difficile à conduire que la pierre lithographique.

On comprend aisément pourquoi l'emploi de l'eau chaude est nécessaire pour obtenir des blancs purs.

Le défaut reproché au tirage sur gélatine, c'est le voile gris qui dépare les épreuves et qui leur enlève une partie de leur valeur.

Il est si facile d'obtenir les blancs, qu'on ne comprend vraiment pas comment les photographes ne se sont pas immédiatement rendus maîtres de cette difficulté, qui n'en est pas une.

Il est clair que la couche sèche insolée ou non doit prendre l'encre comme tout corps dur, gélatiné ou non. Tracez un dessin sur une pierre et encrez sans mouiller, vous faites table noire. La gélatine non mouillée et la pierre lithographique sèche sont dans le même cas. L'encre d'impression, dans les deux suppositions, se comporte comme elle doit le faire. Elle s'attache sur les surfaces, sans tenir compte du dessin.

Par suite du mouillage, l'effet contraire se produit, mais il y a gradation dans la prise d'encre.

Si la gélatine n'est qu'insuffisamment ramollie, l'encre prend partout, mais avec plus ou moins d'épaisseur. Le dessin est marqué, mais il ne s'accuse pas avec les valeurs qu'il comporte.

Si par défaut contraire la couche est trop humide, l'encre ne quitte pas le rouleau. Elle refuse de se fixer sur la couche.

Mais il est un milieu entre ces deux excès, un point déterminé qui n'est qu'accidentel dans des mains inexpérimentées, mais que l'opérateur habile doit amener et conserver d'une manière permanente. Il faut que la gélatine soit humectée à point. La couche est alors disposée à recevoir l'encre et à la rendre avec autant de facilité qu'elle l'a reçue; ce qui veut dire que, pour obtenir de bonnes épreuves, il faut non seulement que l'encrage soit régulier, que l'épreuve, développée par le rouleau sur la couche, s'y montre avec toutes les qualités qui constituent une bonne épreuve, mais encore que la planche rende au papier toute l'encre qu'elle a reçue et qu'il n'en reste pas trace sur la couche après le coup de presse. Aussi longtemps que la planche n'aura pas cette double vertu, le tirage sera compromis et les épreuves seront grises.

Il est facile cependant, et dès le début, de forcer la gélatine à se plier aux exigences du tirage sans fatiguer inutilement la couche.

Prenons donc une planche convenablement insolée sur un négatif de demi-teintes, puisque l'impression de ce genre d'épreuves offre plus de difficultés que le trait. Voici la raison de cette différence :

Une couche exposée sous un négatif de traits peut être considérée comme divisée en deux parties franchement distinctes l'une de l'autre. La première est modifiée par la lumière, et la seconde reste après l'exposition ce qu'elle était avant.

Après le mouillage, la première partie, c'est-à-dire le trait à travers le négatif percé à jour, a été suffisamment pénétrée par la lumière, a pris la dureté qui lui est nécessaire pour retenir l'encre, et la partie correspondant au fond du négatif, qui est opaque et qui s'oppose au passage du rayon, a gardé toute sa propriété d'absorption. Le corps gras refuse franchement de s'attacher sur cette partie qui est humide. Il n'y a pas de points intermédiaires susceptibles d'avoir une aptitude plus ou moins prononcée à prendre l'encre. C'est l'un ou l'autre. Le noir d'impression prend ou ne prend pas.

On peut sans trop de soins, et on le comprend,

maintenir la couche dans cet état pendant toute la durée du tirage. On n'a qu'à s'occuper du trait. On le tient assez humide avec l'éponge, pour qu'il puisse rendre au papier l'encre qu'il reçoit du rouleau. Les fonds ne réclament aucun soin. Ils ne prendront plus l'encre qu'ils ont refusée au début.

Avec une épreuve de demi-teintes, il faut plus de surveillance pour maintenir la planche en bon état pendant toute la durée du travail. La couche de gélatine réclame plus de soins et plus d'attention.

Il y a en effet une troisième partie à surveiller, celle qui comporte les demi-teintes et cette partie de la couche occupe par places toute l'étendue de la surface de la planche et se confond avec le fond de l'épreuve.

Ici la lumière n'a pas marqué brutalement son passage, comme avec le négatif de traits. Entre les limites extrêmes de sécheresse et d'humidité, il existe des points intermédiaires, et pas un seul de ces points n'est influencé au même degré. Le mouillage doit donc être distribué proportionnellement.

Voilà le point à régler par l'imprimeur. Il est probable qu'il n'y arriverait jamais, si la lumière ne s'était pas chargée en bonne partie de ce soin, en prédisposant la gélatine à absorber l'eau proportionnellement aux modifications qu'elle a subies.

Aussi, ce qui est difficile, ce n'est pas d'arriver à ce mouillage précis et nécessaire, mais c'est de l'entretenir toujours au même degré pendant toute la durée du tirage.

On n'y arriverait pas sans méthode. Il faut remédier à ce qui doit arriver dès le début de l'encrage.

Ces détails un peu longs sont nécessaires. L'eau froide, et nous le répétons, ne suffit pas pour disposer la planche à fournir un bon tirage. On serait exposé à détériorer la couche au début de l'opération.

La couche mal préparée ne rend pas l'encre. Il est nécessaire d'employer le chiffon et l'essence pour la désencrer, et la teinte grise qui persiste pendant un certain temps à voiler l'épreuve empêche la gélatine de prendre l'humidité dans les parties qui donneront les blancs.

Il en est tout autrement, si, après avoir passé la planche dans l'eau fraîche, la surface de la couche est lavée à l'eau chaude superficiellement à l'aide d'une éponge. La gélatine absorbe le dissolvant, dont elle est avide, et toute la surface se trouve immédiatement ramollie.

Si après avoir essuyé avec soin, l'encrage est fait immédiatement, l'épreuve, s'il n'y a pas eu un grand excès d'exposition s'annonce avec toutes ses valeurs et l'on pourra, sans s'arrêter, continuer le tirage en ayant le soin de mouiller de la même manière.

On remplacera l'eau chaude par le mouillage dont la formule suit :

Eau	50^{cc}
Glycérine	100^{gr}
Azotate de potasse	10

Si l'on remet l'impression au lendemain, ce qui vaut mieux, on conserve à la couche toute sa solidité en dégorgeant la planche dans l'eau fraîche, après l'avoir traitée à l'eau chaude comme il a été dit, mais on ne négligera pas de l'encrer légèrement avant de la laisser au repos dans la cuvette d'eau fraîche.

Si l'on tient compte de ces renseignements, le tirage sur gélatine sera facile.

L'eau chaude a permis d'encrer régulièrement la planche au début et de lui faire donner immédiatement une première épreuve qui est souvent la meilleure.

C'est de cet encrage rendu possible par ce traitement que dépend l'état permanent de la couche pendant toute la durée du travail.

L'aptitude à recevoir le corps gras avec des épaisseurs déterminées par l'insolation et correspondant sur l'épreuve aux valeurs diverses du négatif, se maintiendra forcément.

La gélatine après le tirage de la première épreuve, après avoir cédé au papier toute l'encre qu'elle a reçue, n'est plus dans les mêmes conditions qu'avant l'encrage.

Le corps gras qui a une première fois touché les surfaces, y laisse une empreinte peu visible, il est vrai, mais suffisante.

Les demi-teintes repousseront dès lors l'eau du mouillage et retiendront le noir d'impression.

L'eau n'est absorbée franchement que par les blancs purs qui ont, au premier encrage, résisté à l'attaque du rouleau.

Rien à la suite de ce traitement ne saurait plus, dans le cours de l'impression, rompre l'équilibre de la planche. L'emploi immodéré de l'eau pourrait seul apporter un obstacle au tirage. Mais il n'y a pas trop à s'en préoccuper, puisque l'eau fournie par l'éponge à la couche est à chaque coup de presse reprise par la feuille de papier, qui la retire des parties molles.

En cas d'excès d'humidité on passe un peu d'alcool sur toute la surface de la planche. L'alcool durcit les demi-teintes. On n'a pas à surveiller les blancs, qui resteront forcément purs et qui restent, quoi qu'il arrive, toujours assez humides pour échapper à l'influence de l'alcool.

Il faut se garder, dans aucun cas, de passer sur une couche trop ramollie une solution capable de tanner la gélatine. L'alun, dont on a conseillé l'usage comme utile, n'est pas à employer.

Si l'on renvoie le tirage au lendemain, on reprendra la planche que nous avons laissée dans la cuvette pleine d'eau fraîche. On pourra ajouter à l'eau une partie de la solution indiquée plus haut. La planche ne doit pas rester plus d'une heure au bain. En tout cas, ce laps de temps est suffisant pour éliminer le sel de chrome.

La surface une fois essuyée, le dessin marqué par le premier encrage sera effacé avec un chiffon souple imbibé d'essence de térébenthine. On lavera à l'éponge, à grande eau, et on laissera sécher la couche après l'avoir bien essuyée.

On se défiera des corps durs. Dans l'état présent la gélatine est à ménager. L'eau a pénétré jusqu'au cuivre pendant son séjour dans le bain. Elle ne reprendra sa fermeté qu'à l'état sec. Nous serons forcés de ramollir encore une fois la surface quand nous voudrons imprimer. Mais, comme nous l'avons dit, nous ne ramollirons que *la surface*, en ménageant le fond de la couche adhérente au métal.

On remarquera que dans la méthode sur cuivre ou sur plomb on ne reçoit la lumière que d'un seul côté et que le tireur doit suppléer par artifice à l'insolation au verso, qui est en usage quand la couche a pour support une glace transparente.

On procédera comme il suit, en reprenant la planche sèche pour commencer le tirage.

Le cuivre sera d'abord mis pendant dix minutes dans l'eau fraîche, puis essuyé et encré.

Si la couche se voile sans donner de blancs purs, malgré l'effort du rouleau, on immergera, mais cette fois entièrement, le cuivre dans l'eau chaude. L'eau ne doit pas, comme au début, dans la préparation préliminaire, être portée à une température voisine de l'ébullition. La gélatine serait dissoute dans les blancs pendant le temps d'immersion.

Le degré de chaleur à donner à l'eau est relatif et dépend du temps d'insolation et de l'état de cuisson de la gélatine.

Il est toujours prudent de commencer à une température moyenne et de savoir attendre, ce qui est plus simple comme moyen, mais plus difficile à observer comme règle.

Souvent le degré de chaleur qu'on croit trop peu élevé est plus que suffisant pour ramollir la couche. Il faut seulement un temps plus lourd d'immersion pour rendre la gélatine apte à tirer.

Quelques essais préalables au rouleau indiquent les états successifs par lesquels la gélatine passe, et l'on fait le tirage quand la couche est disposée à donner de bonnes épreuves, ce qui est facile à constater.

A cette seconde reprise, c'est-à-dire quand l'encrage est fait le lendemain, ou plus tard, non seulement la couche devient plus solide, mais elle donne des épreuves beaucoup plus fines.

Par l'élimination du bichromate; le grain de la mixtion se resserre sans trop perdre de sa porosité.

Si le tirage est fait aussitôt après l'insolation, la

couche qui n'est pas assez raffermie s'use très vite dans les blancs au contact du chiffon qui sert à essuyer et le rouleau touche bientôt au support mis à nu et qui prend l'encre. La planche est usée.

Reports sur pierre et sur zinc. — On peut reporter sur pierre les épreuves phototypiques de traits et de demi-teintes. Les reports sur zinc seront traités dans un chapitre à part.

Le tirage sur gélatine, contrairement à ce qui se passe sur pierre, se fait, comme on a pu le remarquer, sur une surface toujours humide. Le papier après le coup de presse, colle sur la gélatine. Il faut, dans tous les cas, exercer une certaine traction pour le détacher de la surface imprimante.

Le papier employé pour le report dans la lithographie ordinaire et qui porte le nom de papier de Chine ne serait pas d'un emploi commode si l'on voulait s'en servir dans l'application que nous avons en vue.

Ce papier très faible et très poreux absorbe trop facilement l'eau et la partie utile, c'est-à-dire la surface préparée qui doit prendre l'encre de la première pierre, dans les reports ordinaires, pour la rendre à la seconde, celle qui reçoit le report resterait adhérente sur la couche de gélatine. Le tirage de la seule épreuve qui nous est nécessaire serait incomplet à tous les points de vue.

Il faut donc, par nécessité, renoncer à l'emploi

du papier de Chine ou du papier ordinaire de report et même au papier autographique à la gomme-gutte et chercher une surface plus ferme, mieux appropriée à l'emploi que nous avons à en faire. Mais il faut, en tout cas, que le papier adopté puisse donner les mêmes délicatesses que le papier en usage.

Le procédé exige une feuille exactement satinée, d'épaisseur moyenne, fortement encollée, et, ce qui est capital, pouvant être détachée de la couche de gélatine sans perte d'encre et sans déchirure.

Nous prendrons le papier qui porte dans le commerce le nom de papier couché.

Les feuilles sont recouvertes d'une mixtion composée de gélatine et de carbonate de barite. Il est assez résistant pour être détaché facilement de la gélatine après le coup de presse, et la couche blanche qui s'en détache et qui reste momentanément adhérente à la pierre lithographique n'a aucune influence fâcheuse ni sur le report, ni sur la solidité de l'épreuve reportée.

L'épreuve à transmettre à la pierre peut-être prise sur la planche tirée immédiatement après l'insolation ou indifféremment sur la planche qu'on met en train le lendemain.

On obtient dans les deux cas la même finesse d'épreuve.

Mais dans le premier cas, il faut que, par suite de l'emploi de l'eau chaude, la couche soit rendue immédiatement apte à tirer. Les cinq ou six premières épreuves, quoique teintes en jaune, sont des plus franches. On choisira dans cette série restreinte celle qu'on destine au report. Les épreuves qui suivraient, si l'on continuait le tirage, ne vaudraient pas les premières. La planche n'en donnerait de pareilles que plus tard quand le tirage serait dans son plein.

Mais puisqu'il ne s'agit ici que de report, on profitera de cette propriété et l'on choisira une bonne épreuve dans ce premier tirage. Cette propriété, comme on l'a vu, de rendre de prime-abord le dessin dans toute sa pureté, est dû à l'emploi de l'eau chaude, qui ramollit instantanément l'extrême surface de la gélatine avant que les reliefs (très peu accentués avec la colle de peau) n'aient le temps de se produire.

L'encre ordinaire qui sert dans l'impression photographique sur cuivre, c'est-à-dire l'encre typographique, n'est pas bonne pour les reports. Cette encre manque de corps.

L'épreuve transmise à la pierre serait peu solide. C'est l'encre dite *de report* qu'il faut prendre. Cette encre même doit être de bonne qualité. On doit la demander dans les maisons spéciales.

On prend une très faible quantité de ce noir avec le couteau, et l'on y mêle le moins possible de vernis fort. On ajoute encore quelques gouttes d'huile verte, c'est-à-dire de baume tranquille. Il est très important de ne pas négliger cette addition.

Le baume tranquille a une vertu *sui generis*. Il pénètre profondément la surface calcaire, et les reports sont pour ainsi dire gravés dans la pierre.

Sans l'emploi de cette huile, les reports de phototypie, qui n'ont pas l'épaisseur des reports ordinaires, pourraient quelquefois être affaiblis par l'acidulation, mais l'encre en combinaison avec l'huile verte résisterait même à l'emploi d'une eau acidulée trop forte en degrés.

L'épreuve tirée sur le papier couché doit être reportée sans retard. L'opération ne pourrait pas être remise au lendemain. L'encre trop sèche n'aurait plus de sympathie pour la pierre. L'huile grasse ne pénétrerait plus dans la surface calcaire.

Les manipulations pour ce genre de report diffèrent de celles qui sont en usage dans la lithographie ordinaire.

Les dispositions restent les mêmes, quelle que soit la surface réservée au report : pierre ou zinc.

En lithographie, l'épreuve tirée sur papier de Chine est intercalée, c'est-à-dire placée dans un cahier entre plusieurs feuilles de papier buvard mouillées, mais séchées ou essorées suffisamment pour ne laisser au papier buvard que très peu d'humidité.

Le passage de la feuille de report dans un milieu

humide assouplit le papier et ramollit la couche d'amidon qui est en contact direct avec l'encre.

Au moment du report et sous le coup de presse, le corps gras, c'est-à-dire l'encre, se fixe sur la pierre et l'amidon est enlevé par l'éponge imbibée d'eau.

Cette manière de procéder ne réussirait pas dans le report de l'épreuve phototypique.

Le papier couché ne se prêterait pas à ce traitement. Les feuilles mouillées se colleraient sur la couche gélatinée.

Il faut poser l'épreuve, l'encre en dessus, sur la nappe d'eau d'une cuvette et attendre que la couche soit humide.

Quand le papier qui est d'un blanc de neige tourne au jaune et que cette teinte paraît régulière sur toute l'étendue de la feuille, l'assouplissement de la feuille est à point. C'est le moment favorable pour le report. Il faut retirer délicatement le papier de la cuvette et l'éponger en le posant par le côté qui ne porte pas l'impression sur une feuille de papier buvard.

N'oublions pas que n'avons en vue pour le moment que le report d'une épreuve de traits.

Le report du trait ne peut être fait que sur une pierre lisse exempte de grains et de rayures. Si la pierre n'est pas aussi brillante, moins l'éclat, qu'une surface métallique, le report si bien exécuté qu'il soit ne sera jamais complet. Les traits délicats de l'épreuve seront coupés sur la pierre par des points non couverts d'encre et ces défauts se reproduiront au tirage. Il est vrai qu'on peut, avant de fixer le dessin à la gomme, pallier les défauts du report, mais la retouche prend du temps et il faut beaucoup d'adresse pour raccorder les lignes.

Si l'épreuve examinée à la loupe avant le report, ne présente aucun défaut apparent, il sera juste d'imputer l'imperfection du résultat au mauvais état de la pierre et non à l'insuffisance du procédé.

Dans les conditions normales, il est impossible de manquer un report et ce n'est jamais par suite de l'opération, qui est trop simple, qu'un insuccès peut se produire.

Il y a cependant certaines mesures à prendre pour éviter le plissement du papier.

L'épreuve de report humide et bien épongée sera appliquée sans hésitation sur la pierre époussetée et bien sèche, ce point est important. Il sera bon de poser sur l'épreuve une feuille de papier fort, mais souple, qui sera pris sous la pierre dans la partie qui doit être atteinte la première par le râteau. Cette feuille sera rabattue sur la pierre. Elle s'opposera au glissement et à tout déplacement. Il faut, en outre, appliquer sur l'épreuve trois ou quatre doubles de papier buvard qui seront placés sous la feuille de protection. Ces feuilles d'abord mouillées seront épongées avant d'être posées sur le papier de report.

On commencera par une pression légère qui sera augmentée graduellement après chaque passage du râteau.

Il faut cinq ou six coups de presse pour fixer le report. Les papiers mouillés seront remplacés deux ou trois fois au cours de l'opération.

Après le travail de la presse, la pierre sera traitée, sur place, à l'eau chaude.

L'eau fraîche passée à l'éponge sur la feuille de papier qui adhère fortement à la pierre serait incapable de détruire l'adhérence des deux surfaces. Il y aurait danger pour le report si l'on tentait d'arracher le papier couché.

Mais la feuille se détachera d'elle-même, si l'on mouille largement et à plusieurs reprises la surface de la pierre avec une éponge imbibée d'eau chaude.

Il ne faut pas trop de chaleur. Il suffit que la gélatine du papier couché soit dissoute. L'eau bouillante ramollirait trop l'encre et le trait pourrait s'élargir.

Après deux ou trois minutes d'attente, on soulève un des angles de la feuille de papier, qu'on détache délicatement.

Le papier cède sans résistance. Il reste sur la surface calcaire une couche de blanc de barite qu'on fait disparaître sans peine et sans efforts en frictionnant légèrement cette couche avec une touffe de coton préalablement mouillée ou avec un blaireau. Une éponge fine, même mouillée, serait trop dure. Il est prudent de dégager le dessin de ce voile blanc qui le cache, en opérant avec un blaireau fin et de l'eau tiède.

Le report est alors examiné à la loupe avec attention, et l'opération est terminée si toute l'encre du papier, et il n'en est jamais autrement, s'est fixée sur la pierre.

S'il ne reste pas trace d'encre sur la feuille, on est assuré d'avoir un excellent report. S'il n'y a pas de corrections à faire à l'encre ou au crayon, on gomme la pierre et on la traite ensuite comme la pierre ordinaire de lithographie simple.

On trouvera les détails relatifs à cette opération dans le traité de Photolithographie et de Phototypie [1].

Reports de demi-teintes. — Les reports sur pierre des épreuves données par les négatifs de demi-teintes seront faits exactement comme s'il s'agissait de traits. Il n'y a rien à modifier à la méthode opératoire.

Mais ces reports seraient nuls au point de vue pratique, si l'épreuve était fixée sur une pierre à surface lisse.

(1) Paris, Gauthier-Villars.

L'imprimeur ne rencontrerait cependant pas d'obstacle s'opposant à la marche régulière du report. L'épreuve une fois sur pierre paraîtrait satisfaisante à tous les points de vue. Ce n'est qu'au moment du tirage que l'on constaterait qu'on a fait un travail sans but utile.

En effet, malgré tous les soins donnés à la pierre, et malgré toute la dextérité du tireur, le dessin s'empâterait dès les premiers coups de rouleau et on n'arriverait pas à obtenir une seule bonne épreuve.

Le tirage de la demi-teinte exige une pierre grainée. Mais le grain ordinaire, si régulier qu'il soit, n'est pas encore tout à fait ce qui convient. Il reste à faire une opération supplémentaire dont on ne peut pas se dispenser et qui nous aidera plus tard dans la mise en relief des sujets de demi-teintes en la combinant avec d'autres moyens qui seront indiqués dans le second volume. Pour rendre l'impression possible et les épreuves acceptables, il faut user le grain, ce qui n'est pas difficile.

Après avoir grainé convenablement la pierre à la machine ou à la main, on passe à l'état humide une pierre ponce, légère, et d'un grain peu serré sur la surface qu'il convient d'adoucir.

Le passage réitéré de la ponce abaisse et use les aspérités qui sont le résultat du grainage.

On s'arrête à temps pour ne pas détruire tout à fait le premier travail.

La surface sera prête pour le report quand la pierre ne sera ni lisse ni grainée. C'est ce point intermédiaire qu'il faut savoir amener.

Sur la pierre grainée, à pointes trop vives, l'épreuve manque de laison. Elle est criblée de points blancs qui n'ont pas raison d'être, pour la bonne venue du dessin; sur la pierre lisse, les demi-teintes sont empâtées et lourdes. Un grain émoussé permet d'éviter ces deux défauts.

Le tirage de l'épreuve phototypique n'offre pas de difficulté quand elle est sur gélatine. On y arrive aisément sans une étude préalable du rouleau. Un ouvrier d'un talent ordinaire est, d'autre part, toujours à même de tirer les reports de phototypie de traits sur pierre, puisqu'ils ne diffèrent en rien des reports ordinaires.

Mais ce n'est qu'une main habile, délicate et exercée qui fera rendre à la pierre de belles épreuves en encrant un report de demi-teinte pris sur gélatine.

Cette opération ne peut être confiée qu'aux ouvriers habitués à tirer le crayon et les travaux les plus délicats de l'atelier.

Reports sur zinc. — On suivra la même marche sur le zinc. Il ne faut pas viser à employer lithographiquement ce métal.

On peut y arriver cependant, mais la pierre est préférable.

On se bornera à faire sur zinc les reports de phototypie en vue de la gravure en relief.

Dans la saison d'hiver, le bitume est insuffisant. Le temps d'insolation, qui peut durer plusieurs jours, anéantit presque, pendant la série des jours sombres, la valeur incontestable de ce procédé qui donne directement sur zinc des épreuves très fines, prêtes à être gravées en relief par le gilotage.

Le report de phototypie sur zinc peut remplacer, à mérite égal, l'épreuve au bitume. Quel que soit l'état de la lumière, le report sur zinc peut toujours être exécuté en fort peu de temps.

On n'a plus à craindre en substituant l'épreuve phototypique au bitume de voir les travaux arrêtés dans l'atelier et des retards apportés aux livraisons qui doivent être faites à heure fixe pour les besoins des feuilles quotidiennes.

La gélatine peut, en effet, fournir un report en une heure dans les jours les plus mauvais.

Nous ne conseillons pas, même pour les reports de traits, l'emploi des feuilles gélatinées qu'on reporte directement sur le zinc après l'encrage.

Les reports son loin de présenter les mêmes finesses que ceux qui sont obtenus sur la planche de cuivre et qu'on transmet au zinc par l'intermédiaire du papier couché.

Nous écrirons plus tard un Traité spécial relatif au tirage sur zinc et nous indiquerons des méthodes simples, qui permettent de communiquer au bitume une sensibilité égale à celle de la gélatine. Le zinc, dans ce nouveau procédé, se prête admirablement au tirage des demi-teintes.

FIN.

TABLE DES MATIÈRES.

Pages.

CHAPITRE PREMIER.

Gravure sur zinc. — Empiol du bitume de Judée.

CHAPITRE II.

Zincographie.

CHAPITRE III.

Gravure en relief sur cuivre.

Pages.

CHAPITRE IV.

Gravure en creux sur cuivre et sur acier.

CHAPITRE V.

Électrotypie.

CHAPITRE VI.

Report sur pierre et sur zinc.

FIN DE LA TABLE DES MATIÈRES.

Paris. — Imp. Gauthier-Villars, 55, quai des Grands-Augustins.

EXTRAIT DU CATALOGUE DE PHOTOGRAPHIE.

Aide-Mémoire de Photographie pour 1885, publié sous les auspices de la Société photographique de Toulouse, par M. C. Fabre. Dixième année, contenant de nombreux renseignements sur les procédés rapides à employer pour portraits dans l'atelier, les émulsions au coton-poudre, à la gélatine, etc. In-18, avec nombreuses fig. dans le texte et deux spécimens.

Prix : Broché.................... 1 fr. 75 c.
Cartonné.................... 2 fr. 25 c.

Les volumes des années précédentes, sauf 1876, 1879 *et* 1884, *se vendent aux mêmes prix.*

Aubert. — *Traité élémentaire et pratique de Photographie au charbon.* 2ᵉ édition. In-18 jésus; 1882. 1 fr. 50 c.

Audra. — *Le gélatinobromure d'argent.* In-18 jésus; 1884. 1 fr. 75 c

Baden-Pritchard. — *Les Ateliers photographiques de l'Europe.* Traduit de l'anglais sur la 2ᵉ édition, par Ch. Baye. In-18 jésus, avec figures dans le texte; 1885. 5 fr.

On vend séparément :

Iᵉʳ Fascicule : *Les ateliers de Londres.* 2 fr. 50 c.
IIᵉ Fascicule : *Les ateliers d'Europe.* 3 fr. 50 c.

Boivin (F.). — *Procédé au collodion sec.* 2ᵉ édition, augmentée du formulaire de Th. Sutton, des tirages aux poudres inertes (procédé au charbon), ainsi que de notions pratiques sur la Photographie, l'Électrogravure et l'Impression à l'encre grasse. In-18 jésus; 1883. 1 fr. 50 c.

Bulletin de la Société française de Photographie. Grand in-8, mensuel, 31ᵉ année; 1885.

Prix pour un an : Paris et les départements. 12 fr.
Étranger. 15 fr.

Burton (W.-K.). — *A B C de la Photographie moderne* contenant des instructions pratiques sur le *Procédé sec à la gélatine.* Traduit de l'anglais sur la 3ᵉ édition, par G. Huberson. In-18 jésus, avec figures dans le texte; 1884. 2 fr. 25 c.

Chardon (Alfred). — *Photographie par émulsion sensible au bromure d'argent et à la gélatine.* Grand in-8, avec figures; 1880. 3 fr. 50 c.

Clément (R.). — *Méthode pratique pour déterminer exactement le temps de pose en Photographie,* applicable à tous les procédés et à tous les objectifs, indispensable pour l'usage des nouveaux procédés rapides. 2ᵉ édition. In-18; 1884. 1 fr. 50 c.

Cordier (V.). — *Les insuccès en Photographie : causes et remèdes.* 4ᵉ édit. avec fig. Nouveau tirage. In-18 jésus; 1883. 1 fr. 75 c.

Davanne. — *La Photographie. Traité théorique et pratique.* 2 Volumes grand in-8.
Le premier volume paraîtra en décembre 1885.

Davanne. — *Les Progrès de la Photographie.* Résumé comprenant les perfectionnements apportés aux divers procédés photographiques pour les épreuves négatives et les épreuves positives, les nouveaux modes de tirage des épreuves positives par les impressions aux poudres colorées et par les impressions aux encres grasses. In-8; 1877. 6 fr. 50 c.

Davanne. — *La Photographie, ses origines et ses applications.* Conférence de l'Association scientifique de France, faite à la Sorbonne le 20 mars 1879. Grand in-8, avec figures; 1879. 1 fr. 25.

Davanne. — *La Photographie appliquée aux Sciences.* Grand in-8; 1881. 1 fr. 25 c.

Davanne. — *Notice sur la vie et les travaux de Poitevin.* In-8, avec figures; 1882. 75 c.

Derosne (Ch.). — *La Photographie pour tous.* Traité élémentaire des nouveaux procédés. Orné d'une phototypie. Grand in-8; 1882. 3 fr.

Ducos du Hauron (H. et L.). — *Traité pratique de la Photographie des couleurs* (Héliochromie). Description des moyens d'exécution récemment découverts. In-8; 1878. 3 fr.

Dumoulin. — *Les Couleurs reproduites en Photographie.* Historique, théorie et pratique. In-18 jésus. 1 fr. 50 c.

Eder (Dr), Membre de l'Institut polytechnique de Vienne. — *Théorie et pratique du procédé au gélatinobromure d'argent.* Traduction française de la 2e édition allemande par H. Colard et O. Campo, membres de l'association belge de Photographie. Grand in-8, avec portrait de l'auteur et 38 fig. dans le texte; 1883. 6 fr.

Fortier (G.). — *La Photolithographie, son origine, ses procédés, ses applications.* Petit in-8, orné de planches, fleurons, culs-de-lampe, etc., obtenus au moyen de la Photolithographie; 1876. 3 fr. 50 c.

Geymet. — *Traité pratique de Photographie* (Éléments complets, Méthodes nouvelles, Perfectionnements), suivi d'une Instruction sur le *procédé au gélatinobromure.* 3e éd. In-18 jésus; 1885. 4 fr.

Geymet. — *Traité pratique du procédé au gélatinobromure.* In-18 jésus; 1885. 1 fr. 75 c.

Geymet. — *Éléments du procédé au gélatinobromure.* In-18 jésus; 1885. 1 fr. 75 c.

Geymet. — *Traité pratique de Photolithographie et de Phototypie.* 2e tirage. In-18 jésus; 1882. 5 fr.

Geymet. — *Traité pratique de gravure héliographique et de galvanoplastie.* 2e édition. In-18 jésus; 1885. 3 fr. 50

Geymet. — *Traité pratique des émaux photographiques.* Secrets (tours de main, formules, palette complète, etc.), *à l'usage du photographe émailleur sur plaques et sur porcelaines.* 3e édition In-18 jésus; 1885. 5 fr.

Geymet. — *Traité pratique de Céramique photographique.* Épreuves irisées or et argent (Complément du *Traité des émaux photographiques*). In-18 jésus; 1885. 2 fr. 75 c.

Godard (E.), Artiste peintre décorateur. — *Traité pratique de peinture et dorure sur verre. Emploi de la lumière; application de la Photographie.* Ouvrage destiné aux peintres, décorateurs, photographes et artistes amateurs. In-18 jésus; 1885. 1 fr. 75 c.

Journal de l'Industrie photographique, *Organe de la Chambre syndicale de la Photographie.* Grand in-8, mensuel. 6e année; 1885.

Prix pour un an : Paris, France, Étranger. 7 fr.

Monckhoven (Dr Van). — *Traité général de Photographie,* suivi d'un Chapitre spécial sur le *Gélatinobromure d'argent.* 7e édition, nouveau tirage. Grand in-8, avec planches et figures intercalées dans le texte; 1884. 16 fr.

Moock. — *Traité pratique complet d'Impressions photographiques aux encres grasses et de Phototypographie et Photogravure.* 3e édition, beaucoup augmentée. In-18 jésus; 1877. 3 fr.

Odagir (**H.**). — *Le procédé au gélatinobromure*, suivi d'une Note de M. Milsom sur les clichés portatifs et de la traduction des Notices de M. Kennett et du Rév. G. Palmer. In-18 jésus, avec figures dans le texte. 3e tirage; 1885. 1 fr. 50 c

O'Madden (**le Chevalier C.**). — *Le Photographe en voyage.* Emploi du gélatinobromure. Installation en voyage. Bagage photographique. In-18; 1882. 1 fr.

Pélegry, Peintre amateur, Membre de la Société photographique de Toulouse. — *La Photographie des peintres, des voyageurs et des touristes. Nouveau procédé sur papier huilé*, simplifiant le bagage et facilitant toutes les opérations, avec indications de la manière de construire soi-même les instruments nécessaires. 2e tirage. In-18 jésus, avec un spécimen; 1885. 1 fr. 75 c.

Perrot de Chaumeux (**L.**). — *Premières Leçons de Photographie.* 4e édition. In-18, avec figures; 1882. 1 fr. 50 c.

Pierre Petit (**Fils**). — *La Photographie artistique. Paysages, Architecture, Groupes et Animaux.* In-18 jésus; 1883. 1 fr. 25 c.

Pierre Petit (**Fils**). — *Manuel pratique de Photographie.* In-18 jésus, avec figures dans le texte; 1883. 1 fr. 50 c

Pierre Petit (**Fils**). — *La Photographie industrielle.* Vitraux et émaux. Positifs microscopiques. Projections. Agrandissements. Linographie. Photographie des infiniment petits. Imitations de la nacre, de l'ivoire, de l'écaille. Éditions photographiques. Photographie à la lumière électrique, etc. In-18 jésus; 1883. 2 fr. 25 c.

Piquepé (**P.**). — *Traité pratique de la Retouche des clichés photographiques*, suivi d'une *Méthode très détaillée d'émaillage* et de *Formules* et *Procédés divers.* In-18 jésus, avec deux photoglypties; 1881. 4 fr. 50 c.

Pizzighelli (**J.**) **et Hübl** (**A.**). — *La Platinotypie. Exposé théorique et pratique d'un procédé photographique aux sels de platine, permettant d'obtenir rapidement des épreuves inaltérables.* Traduit de l'allemand par Henry Gauthier-Villars. In-8, avec planche spécimen; 1883. 3 fr. 50 c.

Poitevin (**A.**). — *Traité des impressions photographiques*; suivi d'Appendices relatifs aux procédés usuels de *Photographie négative et positive sur gélatine, d'Héliogravure, d'Hélioplastie, de Photolithographie, de Phototypie, de tirage au charbon, d'impressions aux sels de fer*, etc., par Léon Vidal. — In-18 jésus, avec un portrait phototypique de Poitevin. 2e édition, entièrement revue et corrigée; 1883. 5 fr.

Radau (**R.**). — *La Photographie et ses applications scientifiques.* In-18 jésus; 1878. 1 fr. 75 c.

Robinson (**H.-P.**). — *De l'effet artistique en Photographie. Conseils aux Photographes sur l'art de la composition et du clair obscur.* Traduction française de la 2e édition anglaise, par Hector Colard, Membre de l'Association belge de Photographie. Grand in-8; 1885 3 fr. 50 c.

Roux (**V.**), Opérateur. — *Manuel opératoire pour l'emploi du procédé au gélatinobromure d'argent.* Revu et annoté par M. Stéphane Geoffray. 2e édition augmentée de nouvelles Notes. In-18; 1885. 1 fr. 75 c.

Roux (**V.**). — *Traité pratique de la transformation des négatifs en positifs, servant à l'héliogravure et aux agrandissements.* In-18; 1881. 1 fr

Roux (**V.**). — *Traité pratique de Zincographie.* Photogravure, Autogravure, Reports, etc. In-18 jésus; 1885. 1 fr. 25 c.

Sauvel (Ed.), Avocat au Conseil d'État et à la Cour de cassation. — *Des œuvres photographiques et de la protection légale à laquelle elles ont droit*. In-18; 1880. 1 fr. 50 c.

Spiller (A.). — *Douze leçons élémentaires de Chimie photographique*. Traduit de l'anglais par M. Hector Colard. Grand in-8; 1883. 2 fr.

Trutat (E.). — *Traité pratique de Photographie sur papier négatif par l'emploi de couches de gélatinobromure d'argent étendues sur papier*. In-18 jésus, avec figures dans le texte et 2 planches spécimens; 1883. 3 fr.

Trutat (E.) — *La Photographie appliquée à l'Histoire naturelle*. In-18 jésus avec 58 belles figures dans le texte et 5 planches spécimens en phototypie, d'Anthropologie, d'Anatomie, de Conchyliologie, de Botanique et de Géologie; 1884. 4 fr. 50 c.

Vidal (Léon), Officier de l'Instruction publique, Professeur à l'École nationale des Arts décoratifs. — *Traité pratique de photographie au charbon*, complété par la description de divers *Procédés d'impressions inaltérables (Photochromie et tirages photomécaniques)*. 3e édition. In-18 jésus, avec une planche spécimen de photochromie et 2 planches spécimens d'impression à l'encre grasse; 1877. 4 fr. 50 c.

Vidal (Léon). — *Traité pratique de photolypie, ou Impression à l'encre grasse sur couche de gélatine*. In-18 jésus, avec belles figures sur bois dans le texte et deux planches spécimens; 1879. 8 fr.

Vidal (Léon). — *La photographie appliquée aux arts industriels de reproduction*. In-18 jésus, avec figures; 1880. 1 fr. 50 c.

Vidal (Léon). — *Traité pratique de photoglyptie*, avec et sans presse hydraulique. In-18 jésus, avec 2 planches photoglyptiques hors texte et nombreuses gravures dans le texte; 1881. 7 fr.

Vidal (Léon). — *Calcul des temps de pose et Tables photométriques*, pour l'appréciation des temps de pose nécessaires à l'impression des épreuves négatives à la chambre noire, en raison de l'intensité de la lumière, de la distance focale, de la sensibilité des produits, du diamètre du diaphragme et du pouvoir réducteur moyen des objets à reproduire. 2e édition. In-18 jésus, avec tables; 1884. Broché 2 fr. 50 c.
Cartonné 3 fr.

Vidal (Léon). — *Photomètre négatif*, avec une Instruction. Renfermé dans un étui cartonné. 5 fr.

Vidal (Léon). — *Manuel du touriste photographe*. 2 volumes in-18 jésus, avec nombreuses figures, se vendant séparément :

1re Partie : Couches sensibles négatives. — Objectifs. — Appareils portatifs. — Obturateurs rapides. — Pose et Photométrie. — Développement et fixage. — Renforçateurs et Réducteurs. — Vernissage et retouche des négatifs; 1885. 6 fr.

2e Partie : Impressions positives aux sels d'argent et de platine. — Retouche et montage des épreuves. — Photographie instantanée. — Appendice indiquant les derniers perfectionnements. — Devis de la première dépense à faire pour l'achat d'un matériel photographique de campagne et prix courant des produits les plus usités; 1885. 4 fr.

Vieuille (B.). — *Guide pratique du photographe amateur*. In-18 jésus; 1885. 2 fr.

Paris. — Imp. Gauthier-Villars, 55, quai des Grands-Augustins.

www.ingramcontent.com/pod-product-compliance
Ingram Content Group UK Ltd.
Pitfield, Milton Keynes, MK11 3LW, UK
UKHW022058260726
13993UKWH00001B/181

9 782329 226408